U0940514

博士文库

我国中小学奥林匹克教育价值实现的研究

Woguo Zhongxiaoxue Aolinpike Jiaoyu Jiazhi Shixian de Yanjiu

周丽萍◎著

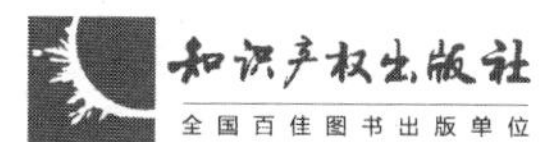

图书在版编目（CIP）数据

我国中小学奥林匹克教育价值实现的研究 / 周丽萍著. —北京: 知识产权出版社, 2015.3
ISBN 978-7-5130-3375-6

Ⅰ.①我… Ⅱ.①周… Ⅲ.①中小学 - 奥运会 - 教育 - 研究 - 中国 Ⅳ.①G811.21-4
②G639.281

中国版本图书馆CIP数据核字(2015)第046638号

内容提要

本书运用文献资料法、问卷调查法、考察访谈法、数理统计法，选择6所中小学的体育教师和学生作为调查对象，通过实地调研，客观地呈现中小学体育教育的现状，对奥林匹克教育价值与中小学体育教育价值的关系，影响奥林匹克教育价值实现的因素，和奥林匹克教育价值实现的方式、方法等进行了研究、阐述。

责任编辑：安耀东

我国中小学奥林匹克教育价值实现的研究

周丽萍 著

出版发行：	知识产权出版社有限责任公司	**网　　址**：	http：// www. ipph. cn http：//www. laichushu. com
电　　话：	010 - 82004826		
社　　址：	北京市海淀区马甸南村1号	**邮　　编**：	100088
责编电话：	010 - 82000860转8534	**责编邮箱**：	an569@qq. com
发行电话：	010 - 82000860转8101 / 8029	**发行传真**：	010 - 82000893 / 82003279
印　　刷：	北京中献拓方科技发展有限公司	**经　　销**：	各大网上书店、新华书店及相关专业书店
开　　本：	720mm×1000mm　1/16	**印　　张**：	12.5
版　　次：	2015年3月第1版	**印　　次**：	2015年3月第1次印刷
字　　数：	176千字	**定　　价**：	45.00元

ISBN 978 - 7 - 5130 - 3375 - 6

前　言

选择“我国中小学奥林匹克教育价值的实现”问题作为研究课题，缘于奥林匹克运动的实质是教育的视角，缘于我国中小学体育教育对奥林匹克教育价值淡漠的现实，缘于奥林匹克教育价值促进中小学体育教育未来发展的前景。奥林匹克教育价值对中小学生的心理感受、行为趋向、道德升华、文明导向等多方面都有巨大的影响力，具有其他方式不可替代的独特功效。在现实的中小学体育教育中，违背本源教育价值的现象屡屡发生。如何改变现状？笔者瞄准奥林匹克教育价值和中小学校体育教育价值相通的契合点——人的全面和谐发展，尝试通过对奥林匹克教育价值的梳理，探索中小学校体育教育中奥林匹克教育价值的实现方法。

本书运用文献资料法、问卷调查法、考察访谈法、数理统计法，选择6所中小学的体育教师和学生作为调查对象，通过实地调研，客观地呈现中小学体育教育的现状，在事实的基础上找寻奥林匹克教育价值对中小学校体育教育的实际价值。

通过奥林匹克教育价值的研究，使广大中小学生不仅能够了解和掌握奥林匹克运动的知识和文化内涵，而且对其自身人格的健全、体育文化素养的提升、价值观的培养都具有重要和深远的教育意义。对奥林匹克教育价值的深刻理解，对于推进我国中小学体育学科建设、提高我国中小学生身心健康，深化中小学体育教育改革以及推动中小学体育教育事业的发展具有重大的理论和实践意义。

研究结论为：

(1) 奥林匹克教育价值是指奥运主体（人）与奥运教育物体、奥运教育关系、奥运教育活动、奥运教育结果等之间相互需要与满足的关系。奥林匹克教育价值的内容体系由核心内容、横向体系、纵向体系组成。奥林匹克教育价值有推动身心和谐发展、促进和平、追求完美、提升道德、推进人类解放五项基本原则。实现奥林匹克教育价值的载体是运动与运动技能、媒体、竞赛、教学和训练。

(2) 奥林匹克教育价值与中小学体育教育价值的关系是奥林匹克教育价值理念与学校体育教育价值理念的一致，奥林匹克教育价值目标与学校体育教育价值目标的一致，奥林匹克教育价值与中小学校体育教育价值的目标吻合、内容互补、形式拓宽、方法互动的关系。

(3) 影响奥林匹克教育价值实现的主要因素包括：学校体育在教育中的尴尬地位，奥林匹克教育在学校教育中的边缘化地位，体育教师奥林匹克文化素养的缺乏，中小学校奥林匹克教材的稀缺。

(4) 奥林匹克教育价值的实现：借鉴奥运会举办国实现奥林匹克教育价值的六种典型模式，奥林匹克教育价值的本土化。体育教育中实现奥林匹克教育价值的途径：紧紧围绕奥林匹克教育价值，实现奥林匹克教育价值的制度保障，加大政策倾斜，促进奥林匹克教育的校本课程开发，提升体育教师的专业化素养，加强奥林匹克师资培训，建设奥林匹克立体化教材，增强素材的创新和突破，运用多元化的奥林匹克教育主题活动，吸引广大学生积极参与。

目　录

绪 言

一、研究缘起

（一）奥林匹克运动的实质是教育

现代奥林匹克运动不仅是当今世界上历史悠久、规模宏大、水平最高的综合性国际体育赛事，而且是影响深远、参与人数众多的社会文化教育活动。现代奥林匹克运动作为世界文化的一部分，具有强烈的亲和力和感召力，以丰富的文化内涵，深刻地影响着人们的思想观念和价值取向。

教育是奥林匹克运动的实质。顾拜旦创立奥林匹克运动的真正目的就是为了传播奥林匹克理想，以一种新的角度和方式去教育青年，促进青年一代的身心和谐发展。他认为，在现代人的生活中最重要的就是教育。他复兴奥林匹克运动的根本目的就是要用奥林匹克运动去教育青年，把竞技运动纳入教育，进而把教育纳入人类文化和生活进程之中。奥林匹克运动强调“体育是而且必须是一种教育方式，体育运动应该在道德的规范内和公平竞争的原则下，促进人的身心健康发展”，其教育价值和文化价值受到国际社会范围内的普遍关注。2002年8月24日，国际奥委会在德国威斯巴登市举行了“寓教于体”（education through sport）的世界论坛，重点讨论了通过体育对青少年进行教育的主题，并正式决定2003年为“奥林匹克文化与教育年”。[①]作为一种社会文化教育现象的奥林匹克运动，其深刻的哲学基础、丰富的

① 孙葆丽. 教育，奥林匹克运动的生命线[J].体育文化导刊，2002，6：48-50.

教育内涵、广泛的全球参与，使奥林匹克运动的体育教育价值凸显。

（二）我国中小学体育教育对奥林匹克教育价值淡漠的现实

奥林匹克教育价值包括一整套的理论、思想、纲领，包括奥林匹克教育价值的思想、实践两大部分，对中小学体育教育有极大的丰富和完善作用。奥林匹克教育价值不仅是奥林匹克教育活动、竞技教育，而且是一种超越竞技运动的关于人的全面发展、完善和社会发展的思想理论和核心教育价值观的教育，同时也是对青少年的道德、伦理及社会规范行为方面的教育。奥林匹克教育价值对中小学生的心理感受、行为趋向、道德升华、文明导向等方面都有巨大的影响力，具有其他活动不可替代的独特功效。

当前，学校教育对奥林匹克教育价值相对比较淡漠。学校教育与奥林匹克教育有共通之处。教育理应是基础教育，而不仅仅是精英教育，奥林匹克教育也不仅仅是选手教育，而是全民教育；教育需要公平，奥林匹克宪章也需要公平。教育的手段不仅是课堂教育，但现状是无限地占有受教育者的时间、加重学生负担、限制学生的自主生活，奥林匹克教育也似乎被排除在教育的内容之外。

中小学体育教育作为教育的一个重要的组成部分，“健康第一”指导思想的提出、素质教育的全面实施给中小学体育教育带来了前所未有的生命力和影响力。由于体育教育理论与体育教育实践的差异，我国中小学体育教育存在形式主义倾向，与中小学体育教育价值存在距离，与奥林匹克教育价值也存在背离。具体表现在：①在教育目标上，把中小学生当作“认知体”，局限于体育运动的基础知识、技术、技能领域，仅仅停留在关注中小学生体质的改善和提高上，忽视对中小学生完整生命的关照，与中小学体育教育目标和奥林匹克教育价值目标有一定距离。②在教育内容上，遵循严谨的中小学体育教育知识体系，从体育教育内容本身的内在联系和自身发展考虑，忽视学生的真实生活体验，偏离了体育教育价值本质诉求，而奥林匹克教育价值强调人的全面和谐发展。③在教育方法上，中小学体育教师力求改革、体现体育新课程改革基本思想。他（或她）所接受的体育教育经历实质上使体育教师自身仍不能完全跳出灌输技术、技能教学的框框，致使体育教育很难做到教与学、身与心的真正统一。而奥林匹克教育方法强调不要采用简单的说教，而是要中小学生多参加、多体验的教学方法，不只致力于培养一种"技术人""体质人"，而且要培养一个"完整的人"和"完整的生命"……体育教育在某些地区学校教育中的地位仍处于边缘地位……这些问题在我国中小学校体育教育中现实、客观地存在着。[①]面对这些问题，我们既不可避而不谈，也不应草率对待，而应正视它。中小学体育教育中存在的诸多问题，可以归根于对"人"和"人的生命"尊重的缺失。中小学校体育教育的"生命缺失"并不是说它完全不重视人、不重视人的生命，而是它对人的完整生命理解的肢解和分裂，也是对奥林匹克教育价值的不重视。

古代奥运会的长期湮没和衰亡有很多原因，其中最主要的缘由是奥林匹克教育价值在体育教育中的缺失、奥林匹克文化价值传承在学校教育中的废止。如：近代学校体育之初产生的"德国体操"和中国早期的军国民体育和奥林匹克运动的精神相违背，以机械的活动替代自由开放的活动，毛泽东曾批判这种做法。由此可见，教育价值与体育教育分裂的后果是两败俱伤。近代奥林匹克运动恰恰是打着"文艺复兴"的旗号、乘近代教育兴起的潮流而繁荣于世的。21世纪奥林匹克教育价值与我国中小学体育教育价值的关系，不仅是体育界、教育界关心的话题，也是国际社会普遍关注的重大问题。

现代奥林匹克教育价值对我国中小学体育教育文化的介入，为中小学生的身心健康发展提供了丰富的教育内容、方法、手段等重要资源。作为奥林匹克文化传承主体的中国学校体育，正经历课程、教材、教学改革的深入发展阶段，奥林匹克教育价值的渗透和注入，无疑将为中小学体育教育改革与发展寻找到新的突破口。

① 田雨普. 努力实现由体育大国向体育强国的迈进[J]. 体育科学, 2009, 3:5-8.

（三）奥林匹克教育价值促进中小学体育教育发展

当前，我国国民的体质，尤其是青少年的体质令人担忧。中小学生的健康现状不容乐观。我国青少年学生的肥胖和视力不良检出率，在5年间持续上升，并已经成为影响青少年健康的最大问题。7岁到22岁的汉族学生中超重和肥胖率继续上升。其中城市男生的超重率达到了13.25%，肥胖率比2000年增长了2.7%。这也成为城乡男女生中肥胖率最高的群体。与2000年相比，各年龄组的视力不良率均有所上升，且随年龄增加视力不良率明显升高：小学生31.67%，初中生58.07%，高中生76.02%，大学生为82.68%。其中，初中生近视人数成为各学段中涨幅最大的学生群体。在反映青少年身体机能的各项指标中，肺活量水平继续下降。7岁到18岁和19岁到22岁两个年龄段的城市女生，肺活量分别下降了303 ml和238 ml，为下降率最明显的人群。2005年，17岁中、日青年体质比较的研究结果表明，我国除女子身高略高外，50 m、握力、体重、身高等各项指标均低于日本青年。[①]第五次全国学生体质健康调研结果以及国家公布的全民体质健康监测数据表明，我国学生的身体素质继续呈下降趋势。学生的肺活量水平、体能素质持续下降，体能素质中的速度素质和力量素质连续10年下降，而耐力素质则连续20年下降。时任教育部体卫艺司司长杨贵仁同志认为课业负担过重、学习时间过长是造成青少年学生身体素质下降的主要因素。调查显示，66%的学生每天锻炼不足1小时，约44%的小学生睡眠时间达不到规定标准。

前国际奥委会主席萨马兰奇指出，奥林匹克教育价值是超越竞技体育的。奥林匹克教育价值不仅包含在竞技体育中，而且包含在大众体育中。从最广泛、最完整的意义上来说，是将身体、精神和艺术融为一体，造就一个“完整的人”的教育。奥林匹克教育价值不仅仅在于竞技运动的力量，更在于其深厚的教育文化内涵（公平、竞争、拼搏、勇

① 田雨普. 努力实现由体育大国向体育强国的迈进[J]. 体育科学, 2009, 3:5-8.

敢、诚信、民主、坚强、诚实等)。这种教育的文化力量对学生身心、心理情感、行为意识、伦理道德等方面都有巨大的影响力和征服力。

奥林匹克教育价值的本质，是与中小学生接受的体育教育相互联系、相辅相成的。两者之间有共通点：①对人的教育——共同的主题；②“以人为本”——共同的发展理念；③青少年——现代奥林匹克教育文化和学校体育教育文化的主体；④体育运动——现代奥林匹克教育文化与学校体育教育文化同源的教育素材等。

全面认识奥林匹克教育价值对增进学生健康的积极作用。一方面，奥林匹克教育价值有自身的内涵、方法和手段，将为中小学体育教育的发展提供更加丰富的平台[①]，从而帮助和促进广大学生的身心健康发展；另一方面，中小学校体育教育作为学校教育的有机组成部分，肩负着继承和传播人类优秀体育文化的重任，它在促进奥林匹克教育文化传播、推动奥林匹克教育的多元化发展过程中将发挥积极作用。在北京成功承办了2008年奥运会的大背景下，我国中小学体育教育的改革与发展不可避免地使奥林匹克教育价值对青少年的身心健康产生了影响。奥林匹克教育价值作为奥林匹克教育的内核，将以丰富的教育文化内涵影响青少年的思想观念和生活方式，关系着中小学体育教育发展的未来。

深化奥林匹克教育价值是时代使命。在全国中小学中加强奥林匹克教育价值的渗透，将奥林匹克教育价值与我国中小学体育必修课、课外活动、运动竞赛结合起来，强调青少年是进行奥林匹克教育的主要对象。中小学要有计划、有步骤地开展多种形式的奥林匹克教育活动，普及奥林匹克知识，传播奥林匹克理想，丰富和完善青少年的精神世界，塑造爱国、自强、开放、自信、热忱、友好、奋发向上的时代品格，使广大青少年成为奥林匹克教育价值的实践者和传播者，成为美好世界的创造者，以其特有的、丰厚的教育文化底蕴推动我国中小学体育教育发展的未来。

① 王文成. 学校体育中的奥林匹克文化教育[J]. 体育文化导刊, 2007, 12:72.

二、研究方法

（一）文献资料法

根据搜索古今的精神，通过南京师范大学图书馆、南京审计学院图书馆以及中国硕士、博士论文全文数据库、CNKI中文期刊全文数据库，查阅奥林匹克教育、我国中小学体育教育的书籍和文章，获取价值、教育价值及学校体育教育价值的有关资料，为论文中教育价值含义的解读、中小学体育教育价值的追寻、教育价值选择、教育价值的实现等的理论分析提供基本的资料保证。

（二）问卷调查法

2014年南京青奥会的成功申办，对江苏省中小学的体育工作是一种巨大的鼓舞和促进。南京作为中等发达城市，对其中小学的奥林匹克教育和奥林匹克教育价值的调研也具有了一定代表性。

基于中小学体育教育是一种实践性很强的活动，中小学体育教育的教育者和受教育者作为奥林匹克教育的主体，他们对奥林匹克教育的真实想法对本研究非常重要。考虑到一些学生（特别是小学生）和教师可能对奥林匹克教育和奥林匹克教育价值不是很了解，无法进行深度访谈，所以采用了问卷调查法，以保证调查结果的真实性和客观性。

调研分三个层次。第一个层次：对奥林匹克教育示范学校奥林匹克教育的调研。第二个层次：对一般中小学奥林匹克教育的调研。第三个层次：对南京郊区农村中小学奥林匹克教育现状的调研。根据客观条件，笔者选择了奥林匹克教育示范学校2所，一般中小学2所，农村中小学2所，包括高中2所、初中2所、小学2所，共发放学生问卷500份，回收496份，回收率为99.2%。其中有效问卷490份，百分率为98%。发放教师问卷60份，回收58份，回收率为96.7%。

问卷的效度检验，采用专家评议法对我们提出的调查问卷进行量化评议。由10名主要从事奥林匹克教育研究的专家，对问卷内容效度进行了评定。对本问卷的信度检测采用的是小范围内的再测法，首次调查后的第三周又在较小范围内进行了随机抽样的重测。计算前后两次测量的相关系数，R=0.854和R=0.89。这说明本研究所制定的调查问卷的等价可靠性较高，其结果能够比较真实地反映被调查者的情况。

根据抽样的有关原理，笔者于2010年4月进行了问卷调查。问卷内容涉及中小学生对体育课的喜好及对体育课、体育价值观、奥林匹克教育价值等方面的看法。问卷内容主要涉及奥林匹克教育价值和体育教育价值及实现的途径等方面。

（三）考察访谈法

我国中小学体育教育必须注重教学实践，从体育教学实践中吸取经验和教训。笔者实地考察了多位中小学体育教师的体育课堂教学，并就体育教育价值与教育价值的关系、奥林匹克教育价值及学校体育教育价值等相关问题，访谈了多位体育教师。从他们的教学实践和自身教学经验认识出发，了解了体育教师对奥林匹克教育价值的认识水平和操作方式，为本研究提供了真实可信的第一手资料，也为寻求奥林匹克教育价值的实现提供了有力的帮助。

（四）数理统计法

对上述调查问卷进行了编码并将结果输入计算机，采用SPSS统计软件处理。对教师和学生的部分资料尽可能地编码和输入计算机，以求获得快速和有效的资料。

三、研究综述

（一）国外相关研究现状

1. 价值理论的研究

西方哲学价值理论中对价值研究的观点，有主观价值论、客观价值论和主客体价值论三种。客观主义价值与主观主义价值存在分歧。

（1）主观价值论。主观主义价值论有情感说、兴趣说、欲望说。①情感说认为，价值是由主体的情感决定的，是情感的产物或表现。新康德主义者文德尔班说："价值（不论是肯定方面或否定方面）绝不能作为对象本身的特性，它是相对于心灵而言的……抽掉意志与情感，就不会有价值这个东西。"[①]文德尔班认为价值是主体情感、意志的产物，是主观的东西。②兴趣说代表人物培里认为："凡是兴趣所在的对象，事实上是有价值的。""凡是兴趣所在的对象便自然具有价值。无论哪一个对象，一旦有人对他发生兴趣，无论哪一种兴趣，它就有了价值。"[②]他认为价值由兴趣决定，是主观的，无客观价值，也无评价的客观标准。③欲望说认为价值是"欲望的函数""事物是由它们被意愿着而产生价值的，而且它们愈被意愿着就愈有价值。"没有任何一种事物是"内在地有价值的，或可以具有价值"，奥地利学者爱伦费尔认为，价值的主要基础是欲望。

（2）客观价值论。客观价值论有客体属性说、客体是价值源说两种观点。客体属性说认为价值是客观事物满足人需要的一种属性。客体是价值源说认为价值客体是价值的承担者，表征某种客体具有或不具有某种价值。

（3）主客体价值论。主客体价值论有诸多观点，包括客体属性与主体需要统一说、本质力量对象化说、主体是价值源说、价值对象性说、功能说等。客体属性与主体需要统一说认为，"价值的本质是客体功能对主体需要的满足关系"。[③]本质力量对象化说认为，价值的本质是主体本质力量对象化，指出价值与主体性、主体本质力量的关系，有助于揭示价值的主体性。主体是价值源说认为，价值是人作为主体的本质力量现实化的表现，也认为价值的本质是主体本质力量对象化。价值对象性说认为，价值对象性是价值的本质。功能说认为，"因为价值是同人类生活相关的客体的固有属性与评价它的主体相互作用时产生的功能"。

① 文德尔班. 哲学学史教程[M]. 北京:商务印书馆, 1993.

② 培里. 现代哲学倾向[M]. 北京:商务印书馆, 1962.

③ 周农建. 价值与价值观[M]. 西安:陕西师范大学出版社, 1988:179.

价值意味着在客体与人的相互关系中正在起作用的“力”或“功能”的状态。此外，国外还有符合系统目的说、社会关系说等观点。①

本书的立论基础定位于主客体价值论。主客体价值论认为价值是主客体的一种相互作用的关系，价值是客体对主体的意义，是客体对主体需要满足之间形成的特定关系。它来源于客体，取决于主体的需要，产生于实践。按照主客体价值理论，中小学体育价值的主体是学生，客体有两类：一类是人，是以体育为手段服务于学校体育的人；另一类是人之外的物或制度，包括体育物质设施、生态系统、管理制度、政策法规等。主体的学生把奥林匹克教育活动看作健身的有效手段，并积极改善学校体育环境，实现中小学体育最大程度地为学生的发展服务；客体中的服务者不断地进行服务活动，通过营造良好的体育活动氛围，从而生成新的学校体育教育价值；客体中的物或制度，以其自身功能被开发的程度及规范性实现教育价值。②

2. 奥林匹克教育价值的研究

1961年，随着希腊奥林匹亚古竞技场遗址的成功挖掘，国际奥林匹克学院也在奥林匹亚诞生了。希腊人卡尔（Carl Diem）和约翰（John Ketseas）成为奥林匹克学院的奠基人，顾拜旦的教育价值理想终于在多年后得到了继承和发展。随着奥林匹克运动规模的不断扩大，奥林匹克教育价值理念也在此期间逐渐被各国理解和接受，因此，国际奥林匹克学院成立伊始就担负起向世界传播奥林匹克主义的神圣使命。

1972年，在慕尼黑奥运会期间，一些曾经在国际奥林匹克学院学习过的德国学者组织了一些带有实验性质的奥林匹克教育活动，这种称为“普及奥林匹克原理（The propagation of Olympic Principles in Schools ）”的教育活动得到了国际奥林匹克学院的采纳，并成为奥林匹克教育的蓝本。

1980年，前任国际奥林匹克学院院长尼西奥蒂斯（Nikolaos Nissi-

① 张文静. 体育教学价值论[D]. 南京:南京师范大学, 2007:13.

② 孙庆祝, 陈家起, 陈培友. 学校体育现代化评价指标体系的研究[J]. 南京体育学院学报, 2009, 2:19.

otis）先生在国际奥林匹克学院第20届国际青年营上首次对“奥林匹克教育”的概念进行了界定。他在《奥林匹克教育所面临的问题》的文章中把奥林匹克教育的组成部分概括为历史遗产的继承、人道主义的培养、现代哲学遗产的学习以及教育目标的定位。与此同时，世界上许多国家也纷纷开展了自己的奥林匹克教育工作。面对这种情况，国际奥林匹克学院于1986年为各国奥林匹克学院的负责人开设了讲习班，用于规范、统一全球的奥林匹克教育工作。

近年来，国际奥委会开始更多地重视奥林匹克教育价值问题，并成立了国际奥委会教育办公室。1995年，在“国际奥委会的国际奥林匹克学院——奥林匹克教育委员会”的主持下，各国专家起草了一份关于奥林匹克教育价值实施的报告。该报告指出，奥林匹克教育对象是青少年、教师、运动员、教练员和体育官员，并对实施奥林匹克教育的策略、奥林匹克教育的组织与资源、各类组织在奥林匹克教育中的作用与协调、对奥林匹克教育计划的评估及奥林匹克教育计划的实施等方面都提出了具体建议。①

奥林匹克运动早期注重教育价值理想研究。1897年，奥林匹克创始人顾拜旦在法国的勒阿弗尔主持了主旨为“体育、卫生与教育”的奥林匹克大会。他提出缔造一个和平美好的世界，不是仅靠体育本身，而是与文化教育结合并遵守普遍的道德规范。他的一系列讲话和著作集中反映了这一基本教育价值主题。《奥林匹克宪章》中也明确提出：“奥林匹克主义谋求把体育运动与文化和教育融合起来，创造一种以乐于付出努力、发挥良好榜样的教育价值并尊重基本公德原则为基础的生活方式。”提倡的是通过体育和文化及教育相结合，培养身心和谐发展的人，表明了奥林匹克运动早期的教育价值理想。

奥林匹克运动中期趋向于综合性教育价值研究。与此同时，西方学术界开始倾向用体育文化因素解释本国的体育现代化等一系列问题，世界上许多国家也都纷纷开展了自己的奥林匹克教育工作。其研究范

① 孙葆丽. 奥林匹克教育的多元化趋势——记国际奥委会“寓教于体”世界论坛[J]. 中国学校体育, 2003, 1:77.

围的交叉性和实践性越来越强，教育价值观从单一教育价值观向综合教育价值观转化。

奥林匹克运动近期强调教育价值的全球化倾向。奥林匹克教育文化的全球化、奥林匹克教育的民族主义、奥林匹克教育价值的危机、奥林匹克的教育价值不是单纯的孤立的体育现象。21世纪的今天，奥林匹克教育价值已深入家庭和社会、学校教育、学校体育。从课内到课外，从家庭到社会，从个人到集体，奥林匹克教育价值已经发展成为超越时间和空间限制的、为全人类所接受的文化教育形式。

（二）国内研究现状

1. 价值理论的研究

不同语境中，价值的含义各不相同。

价值是指客体与主体需要之间的关系。它不仅取决于客体本身的结构，而且也取决于主体的活动，与主体的需要密不可分。在哲学领域，古代哲学的重心是本体论，近代哲学的重心是认识论、历史观。19世纪后期人们开始重视价值研究。19世纪末20世纪初，价值哲学形成独立的哲学学科，并影响到其他领域。我国哲学领域中的价值研究是从20世纪80年代开始的，近年来已成为我国哲学研究中的一个主要方面。价值范畴是价值哲学的基石。什么是价值？什么是价值的本质？这是理解全部价值哲学的关键。[①]

李连科先生认为，"（价值是）客体与主体需要之间的一种特定（肯定或否定）的关系。"

杜齐才先生认为，"价值是表示客体（一切客观事物）与主体（人）的需要关系，是表示客体属性对主体需要的肯定或否定关系。"张文静认为，目前我国对价值的理解有实体说、属性说、关系说三类观点。[②]此外，还有意义说和效应说等观点。

① 王玉樑. 价值与发展[M]. 西安:陕西人民教育出版社, 1999.

② 张文静. 体育教学价值研究[D]. 南京:南京师范大学, 2007:18.

有关价值的相关研究，对本研究具有重要的理论基础作用。如：《价值论》(李德顺，1987)，《价值学引论》(李连科，1999)，《价值学引论》(袁贵仁，1991)。这三本书是我国研究价值论的代表性著作，对本研究中的价值理论有基础性的理论建构作用。我国著名的价值哲学专家王玉樑的《当代中国价值哲学》(2004) 和《21世纪价值哲学》(2006) 两本专著对中国、西方的价值哲学理论的发展作了系统的历史梳理。另外司马云杰的《价值实现论》(2003)、《文化价值论》(2003) 等系列专著对本研究也有一定的参考作用。①

本书以主客体之间相互需要的关系为基础，阐述奥林匹克教育价值和中小学生之间相互需要的关系。

2. 奥林匹克教育价值的研究

通过查阅顾拜旦的以奥林匹克教育价值为主题的文献资料可以发现，现代奥运会创始人顾拜旦在1896年创办第1届现代奥运会、复兴奥林匹克运动的原因在于，他认为人的生活中最重要的就是教育，在奥林匹克主义指导下的竞技运动能将体育运动与文化和教育融为一体。在奥林匹克运动100多年的发展历程中，人们逐渐认识到，离开了教育，离开了教育的核心价值，奥林匹克主义就不可能实现其崇高目标。对于奥林匹克教育价值内涵的界定，很少有人能够具体说明，不同的学者从不同的角度予以阐释。奥林匹克学著名学者任海教授在《顾拜旦与奥林匹克仪式》中认为，奥林匹克教育是人们取得奥林匹克主义的过程，通过这一过程，增进人们对奥林匹克主义的理解和对体育的教育价值和文化价值的认识，广泛传播体育道德，为青少年树立优秀的奥林匹克榜样。②中国学者熊斗寅先生在《论奥林匹克教育》中认为，奥林匹克教育是奥林匹克运动的核心，体现了体育的本质功能。奥林匹克教育的主要方面是通过体育活动来教育人，包括参加体育锻炼或运动训练，参加运动竞赛或观看比赛，这一切都体现了体育的教育价值。③

① 董立平. 高等教育管理的价值问题研究[D]. 厦门:厦门大学, 2009:13.

② 熊斗寅. 论奥林匹克教育[J]. 吉林体育学院学报 2005, 1:1-4.

③ 李秀丽. 奥林匹克教育论[J]. 安徽体育科技, 2004, 1:12-14.

李秀丽在《奥林匹克教育论》中认为，奥林匹克教育价值体现了体育的本质功能；作为一种教育价值体系，它包含奥林匹克知识教育、奥林匹克理想教育和奥林匹克精神教育，是一种广泛的教育方式，具有身体教育和精神教育的统一、体育运动与奥林匹克教育相统一的特征。[①]

孔繁敏在《奥林匹克文化研究》中认为，奥林匹克教育价值是奥林匹克运动本身的教育功能，在一定的意义上是宣传和推广奥林匹克主义的教育价值，也是弘扬奥林匹克精神的教育价值。它既是一种思想教育价值——即西方的修身和公民教育，也是使奥林匹克主义在理论上得以提高和发展的科学价值。[②]

虽然对奥林匹克教育价值内涵的认识没有达成统一，但是可以看出，教育价值始终是奥林匹克运动的一个重要组成部分，激励并促使每个参与者能够在互相的竞争中展示自我，又能通过竞技形式不断发展和超越自我，并促使他们成为一个个心智健康、积极向上的个体。

目前，国内的专家学者对奥林匹克教育价值问题有着不同程度的研究，只是研究视角不同。研究的侧重点虽然有所不同，但他们都是从奥林匹克教育的现实意义、学生的主体发展、终身体育兴趣的养成和与奥林匹克教育个体价值、社会价值和生态价值等方面对学生、基础教育、高等教育、社会、北京奥运会和奥林匹克运动的影响、作用和价值等方面展开，呼吁要在学校中更加广泛地开展奥林匹克教育。例如：有些学者侧重于奥林匹克文化研究，有些学者侧重于奥林匹克多元文化研究对人类文化发展、学校体育发展、青少年人格教育、大学生体育教育、与中国传统体育文化对接的影响等研究。

李跃进在《论奥林匹克运动的教育价值》中，从五个角度审视了奥林匹克运动的教育价值：①从古希腊奥运会的创立看奥林匹克的教育价值；②现代奥林匹克运动的兴起源于对教育救国理想的追求；③从顾拜旦的体育思想分析奥林匹克运动的教育价值；④从《奥林匹克

① 任海. 顾拜旦与奥林匹克仪式[R]. 北京:纪念顾拜旦论文报告会, 2000.

② 孔繁敏. 奥林匹克文化研究[M]. 北京:人民体育出版社, 2005.

宪章》剖析奥林匹克运动的教育价值；⑤从现代奥林匹克运动蕴含的“人文危机”看奥林匹克的教育价值。

总的看来，对奥林匹克教育价值的研究分为以下两个方面。

（1）历史性资料教育价值的研究。我国与奥林匹克的渊源可以追溯到70多年前，但是真正参与这项运动，却是从1984年开始。在国内，由于政治、经济、语言等各方面的原因，有关奥林匹克运动的期刊和文章，据国家体育情报所和北京体育学院联合编撰的《全国中文体育期刊篇名目录》检索，自1952年至1992年，我国各体育期刊有关奥林匹克的文章约980篇，主要是零星的资料性译文及浅层次的奥运会描述，关于奥林匹克教育价值的阐述很少。

（2）现实性问题教育价值的研究。20世纪90年代初，我国奥林匹克教育价值研究范围逐渐展开，并逐渐深化着这个方向的理论层次，北京申奥成功对中国体育文化和奥林匹克教育价值的探讨是一次深层次的触动。2002年8月24日，时任国际奥委会奥林匹克文化与教育委员会主席的何振梁先生在德国“寓教于体”的世界论坛上发表了重要讲话，认为教育与文化、文化与体育、体育与教育这几个紧密相连的概念形成了奥林匹克主义的基础。各国学者纷纷发表自己的研究成果，推动着奥林匹克教育价值的研究。查阅国内近20年体育核心期刊主题词为“奥林匹克教育价值”的文章，共有50多篇。任海教授认为世界经历了巨大变动，奥林匹克运动的普遍性也已不再是原来的意义和内涵，我们有责任通过体育教育传播各种不同的文化教育价值，避免文化的单一性；熊斗寅教授强调教育是奥林匹克运动的核心；孙葆丽教授认为教育是奥林匹克运动的出发点和归宿；董杰提出奥林匹克思想体系、活动体系是奥林匹克教育的重要载体……绝大多数成果主要是从奥林匹克教育的视角来讨论问题，强调教育的重要性，直接阐述奥林匹克教育价值本质的成果很少，具体从价值理论来阐述奥林匹克教育的研究成果也不多。当前的研究成果主要涉及4个方面：①奥林匹克教育基础理论研究；②奥林匹克教育的实践调查与分析；③奥林匹克教育价值与人、学校、社会、奥运会之间的关系研究；④奥林匹克教育的哲学反思。可以看出，奥林匹克教育价值理论和实践研究空间较大。

3. 奥林匹克教育价值与中小学体育

中小学体育是学校教育的重要组成部分之一，是培养身心健康的合格人才必不可少的组成部分。中小学体育工作的基本任务是：增进学生身心健康、增强学生体质、使学生掌握体育基本知识，对学生进行品德教育，培养学生的勇敢、顽强、进取精神，增强组织纪律性，培养学生体育运动能力和习惯，提高学生运动技术水平，为国家培养体育后备人才。江泽民在十五大报告中提出，“我国现代化建设的进程，很大程度上取决于国民素质提高和人才资源的开发”，“重视受教育者综合素质的提高，培养德、智、体全面发展的社会主义事业的建设者和接班人”。[①]国际体育科学与教育理事会副主席Margaret Talbot认为，“体育教育的价值在于发展身体的文明和使人体得到全面协同的发展，它包括‘学习运动’和‘在运动中学习’两个方面”。高质量的学校体育教育应满足以下几个方面：①让学生做好合作与竞争、取胜与失败的准备；②对学生的社会技巧、道德和审美发展有独特的贡献；③为未来在体育、身体活动和娱乐领域的职业生涯提供知识和技能；④平等对待所有青少年儿童，不管他们的性别、能力和文化背景如何；⑤提供全面的方式帮助所有青少年儿童学习终身体育所必需的体育常识和技能。[②]

奥林匹克运动在中国的发展大致经历了传播、初步开展、广泛开展和全面发展4个阶段。其间，普及奥林匹克知识、广泛开展奥林匹克文化教育，对推动奥林匹克运动在我国的发展起到了极为重要的作用，促使我国中小学体育与奥林匹克运动从冲突、碰撞、交融后逐渐走向更高层次的融合。特别是改革开放以来，随着我国体育事业的进一步发展，

---

① 江泽民. 高举邓小平理论伟大旗帜、把建设有中国特色社会主义事业全面推向21世纪[M]. 北京:人民出版社, 1997.

② 许晓容. 奥林匹克文化与高校体育教育人文目标的实现[J]. 体育与科学, 2006, 1:92.

奥林匹克教育价值的传播在我国呈现出更加喜人的景象。

由于历史的原因，中国20世纪的前70年实际参加奥林匹克运动的时间并不长，奥林匹克教育价值没有在我国中小学得到实际深入的发展。从20世纪80年代开始，随着中国改革开放和体育事业的进一步发展，中国积极参加国际奥林匹克运动，并取得了较好的成绩。但我们也应看到，虽然近20年来，我国的竞技体育得到了较快发展，相比之下，基础教育学校体育中相应地开展奥林匹克教育、弘扬奥林匹克文化的观念还较薄弱，不太重视奥林匹克知识和文化精神传播的情况依然存在。

奥林匹克教育价值研究是我国中小学体育中的一个重要组成部分。由于我国奥林匹克教育价值的研究尚未形成相对独立的体系，所以，许多有关奥林匹克教育价值的问题包含在奥林匹克教育、体育的价值研究之中，以奥林匹克教育和体育价值研究成果为基础，以价值哲学研究为根本，从中进一步探求奥林匹克教育价值，挖掘其深刻内涵及体系。

孙葆丽教授通过研究指出，奥林匹克教育价值与学校体育之间的关系，在奥林匹克核心思想和目标追求中，学校和学校体育教育有不可忽视的作用。奥林匹克运动的理想目标主要指向两个方面：①促进个人、特别是青年人身心的全面发展；②推进社会和国际社会的发展，增进不同国家、不同文化间的相互了解与沟通，以维护世界和平、建立美好的社会为己任。上述两个目标，尤其是前一个目标的实现，既依赖于奥林匹克教育价值的主要内容和形式——奥运会、竞技体育比赛和相关活动，同时也绝不能忽视青少年儿童教育的主要场所——中小学校。如果说奥运会是树立的体育典范，激励广大学生积极投身体育运动以实现身心的全面发展，那么可以说中小学体育是通过提供具体的教育内容、教育形式和教育场所，为中小学生自觉参与体育运动、促进广大中小学生身心的全面和谐发展服务。

开展奥林匹克教育活动，是我们中小学体育事业发展的需要，是推进素质教育、培养全面发展的跨世纪人才的需要。在学校体育教育中广泛开展奥林匹克教育，促进东方文化与西方文化的交流与融合，也为中小学体育事业插上腾飞的翅膀，在推行全面素质教育中发挥更大的作用。

学者杨西勇、邵晓军在《奥林匹克教育与中国学校体育略论》一文中认为：奥林匹克教育价值的内涵要从宏观和微观两个层次上进行把握。宏观上，随着人们体育方式、思维方式的转变，相应地人们参与奥林匹克运动的方式也改变了，奥林匹克教育价值已成为改善人类生活方式和提高人类生活质量的不可替代的因素之一；微观上，奥林匹克教育价值首先是指通过奥林匹克与人的相互作用，推进人的社会化、国际化过程，与人的发展紧密相连。

总的来看，我国的奥林匹克教育活动和奥林匹克教育价值研究才刚刚起步，目前还处于探索阶段。除了北京奥运会周期内开展的红红火火的教育活动，当前，奥林匹克教育活动在我国中小学还没能很好地全面开展。

体育学术界对奥林匹克教育价值和中小学体育教育都分别给予了一定的关注。分析多年来的研究成果发现：①多数成果或是针对中小学体育教育，或是针对奥林匹克教育价值的某一方面，缺乏系统性和整体观；②奥林匹克教育理论阐述较多，对奥林匹克教育价值状况了解不够，社会调查和数理统计的文章相对较少，体育教育中追求奥林匹克运动形式、方法和内容的借用，忽视奥林匹克价值观念的传播；③奥林匹克的研究，主要关注运动、训练和竞赛、争夺金牌，而忽视奥林匹克教育观念、教育思想、教育理想、教育精神；④与整个教育学界、人文社会学界相比，关注程度不足，而且认识程度、研究深度和广度还有一定空间。我国从事中小学体育教育、奥林匹克教育研究的机构及人员可谓队伍庞大，理论成果的出版、发表也是有目共睹的，但奥林匹克教育价值的实践效果却不令人满意。其根本原因是奥林匹克教育价值理论与奥林匹克教育实践的脱节，我国中小学体育教育实践对奥林匹克教育价值研究的忽视。因此，探寻一种与我国当前中小学体育教育文化形态相适应的奥林匹克教育价值理念存在着宽阔的研究空间和实践需求。

第一章　研究的理论基础与整体结构

一、理论基础：教育价值理论

教育价值是指作为客体的教育现象与作为社会实践主体的人的需要之间的一种特定关系，体现的是一种关系范畴，即主体的需要与客体的属性二者之间的关系。这一定义的基本内涵如下：首先，教育价值体系中的主体可分为两大类，即社会主体和个体主体。前者主要是指社会系统中的政治、经济、文化等子系统；后者主要是指受教育者，即在教育活动中从事学习的人，既包括儿童，也包括成人。教育价值体系中客体是指整个教育系统。其次，教育价值具有动态性和发展性。因为教育价值体系中的主体和客体都处于不断地发展变化中。教育的属性和功能是丰富多彩的，人的需要和利益追求也是无限多样的，教育价值也就有多方面的表现。依据主体需要的不同，对教育价值可分为个体教育价值、社会教育价值。依据教育价值关系的承担者不同，可分为本体价值和工具价值。前者指向个体主体，具体表现为对受教育者身心发展需要的满足；后者指向社会主体，具体表现为教育可以维护和巩固政治统治并促进政治民主，可以促进经济发展，可以推进人类文化和文明的发展，也即教育具有政治的、经济的、文化的价值等，强调本体价值与工具价值的统一。依据教育本身的特点，教育价值可分为教育中的价值和教育的价值。前者指在教育中应该达到什么目的，培养学生怎样的素质，实现怎样的人生价值，后者指怎样的活动才能达到教育要求。本书是针对教育中的价值的论述。依据教育的发展方向，教育价值还可以分为现实价值和理想价值。前者指要满足个体主体和社会主体在现实条件下的需要，后者指要满足教育主体在未来发展方面的需要。教育史上关于教育价值的本质曾有过三种理论，即需要论、属性论和关系论，我国学者的认识可以归纳为两类：①需要—属性论。即认为教育价值是关于人的需要与教育的属性两方面，缺一不可，从这一角度界定教育价值的人较少；②关系说。即认为教育价值是主客体间的一种特殊关系[①]，大多都是主—客关系论者。

教育是有目的、有计划的主体性活动。人们在教育过程中必然要对教育目的、教育内容、教育方法、教育评价等因素作出自己的选择，而这些选择都反映和体现着人们的教育价值取向。教育价值选择制约着教育目的建构，教育价值取向制约着教育内容和方法的选择，教育价值取向制约着师生关系的性质，教育价值取向制约着教育评价的实施。教育价值是正向的，能满足人们主体需要的而被人们肯定的教育功能才具有教育价值。教育价值更多地是指教育功能的心理层面，是人们在对待满足他们需要的外界事物的关系中产生的，其产生依赖于人们的知识、经验、情感等。[②]

教育活动是一种价值创造的活动，同时教育活动又是一种价值选择的活动。人们的教育行为选择总是受一定时期教育价值的支配，教育价值的观念就犹如一只无形的手，左右着人们对教育的态度和行为，影响和调节着人们的不同教育需要，制约着教育实践活动。

二、基础概念阐述

(一)奥林匹克运动、奥运会、奥运与奥林匹克

奥林匹克运动、奥运会、奥运与奥林匹克在一些书籍被中混为一谈，这种简单认识是不准确的。其实四者之间既有联系又有区别。

奥林匹克运动是指在奥林匹克主义指导下，以体育运动和四年一度的奥林匹克庆典为主要活动内容，促进人的生理、心理和社会道德全面

① 李长吉. 教育价值研究二十年[J]. 高等师范教育研究, 2001, 7:56.

② 王全宾. 教育功能、教育价值、教育目的论[J]. 济南:山东师范大学学报, 2001, 5:39-40.

发展，沟通各国人民之间的相互了解，在全世界普及奥林匹克主义，维护世界和平的国际社会运动。①

而“奥运”“奥运会”是一种简称，分别代指奥林匹克运动和奥林匹克运动会。在英文里，“Olympic Movement”是指“奥林匹克运动”，而“Olympic Games”是指“奥林匹克运动会”。②

奥运会是奥林匹克运动的最高层次的盛会，有古代奥林匹克运动会和现代奥林匹克运动会之分。现代奥林匹克运动会是在古代奥林匹克运动会的基础上发展而来的。③

在希腊首都雅典西南的奥林匹亚，仍然保留着古代奥林匹克运动会的旧址——古希腊奥林匹克祭祀赛会的竞技场。公元前776年，第1届古代奥运会拉开序幕，自公元前776年至公元393年，共举行293届，历时1169年，于公元394年被下令禁止。④

“奥林匹克运动”与“奥运会”有什么联系和区别呢？从二者的联系上看，奥运会是奥林匹克运动的主要活动，但不是唯一的活动。因为奥林匹克运动的活动内容除了奥运会以外，还有国际奥委会承认的其他大型的综合性运动会、奥林匹克教育活动、奥林匹克科学活动、奥林匹克文化活动、大众体育活动、奥林匹克基金的援助活动，等等。当然，奥林匹克运动的最大和最高层次的活动是四年一次的奥林匹克庆典——奥运会。⑤

奥林匹克是一个翻译词汇，它原指古希腊时期在奥林匹亚举行的对天神宙斯的祭祀活动。祭祀活动中的体育比赛，被称之为“奥林匹亚竞技”。西方文艺复兴时期，在人们研究古希腊文化时，“奥林匹亚竞技”受到人文学者的高度关注，并逐渐被称为“古代奥林匹克运动会”。由于在古代奥运会召开期间，同时还要进行诸如诗歌朗诵、学术讨论、政

① 任海. 奥林匹克运动的奥林匹克教育价值[J]. 教育科学研究, 2006, 12:15.

② 熊斗寅. 论奥林匹克运动[J]. 体育文化导刊, 2007, 2:30.

③ 汪世林. 奥林匹克运动的背后[M]. 北京:世界知识出版社, 2008:11.

④ 孔繁敏. 奥林匹克文化研究[M]. 北京:人民体育出版社, 2006:3-4.

⑤ 曹守和, 赵玉梅. “奥林匹克运动”辨析[J]. 北京体育大学学报, 2006, 7:889.

治谈判、艺术展览、商品推销等其他一系列的社会文化活动，所以人们便将包括“奥林匹亚竞技”在内的整个活动都冠以“奥林匹克”的称呼。为了与现代相区别，故又称为“古代奥林匹克”。

19世纪末，国际奥林匹克委员会的成立，标志奥林匹克运动的诞生。在国际奥林匹克委员会的领导下，现代社会出现了以奥运会为最高表现形式的、包含一系列文化活动的奥林匹克运动。人们习惯把这些活动称为“现代奥林匹克”或“奥林匹克运动”，亦可略称为“奥林匹克”。[①]

所以，现代“奥林匹克”一词的使用，实际已成为一个既包括古代奥林匹亚竞技，也包括现代奥林匹克运动在内的、广义的能涵盖奥林匹克一切活动形式和内容的专门词汇。

《奥林匹克宪章》有这样一些说明：“由国际奥委会领导的奥林匹克运动来源于现代奥林匹克主义”；“奥林匹克运动的宗旨是，通过开展没有任何形式的歧视并按照奥林匹克精神——以相互理解、友谊、团结和公平比赛精神的体育活动来教育青年，从而为建立一个和平而美好的世界做出贡献。”

（二）奥林匹克主义、奥林匹克精神

《奥林匹克宪章》中关于奥林匹克主义的阐述是：增强体质、意志和精神并使之全面均衡发展的一种生活哲学。奥林匹克主义谋求体育运动与文化和教育相融合，创造一种以奋斗为乐、发挥良好榜样的教育作用并尊重以基本公德原则为基础的生活方式。其倡导的核心是人的全面均衡发展；体育运动的发展要与文化、教育和环境保护相结合，体育比赛和社会生活中鼓励积极进取、公平竞争的社会行为准则。[②]

奥林匹克主义是由皮埃尔·德·顾拜旦提出的。既是一种学术主张，又是奥林匹克运动的指导思想和行动纲领。它的形成与发展包含着许多宗教的、历史的、社会的和教育的各种因素，是奥林匹克运动

① 罗时铭, 谭华. 奥林匹克学[M]. 北京:高等教育出版社, 2007:2.

② 董杰, 王民怡. 论奥林匹克教育与人文奥运的关系[J]. 体育与科学, 2005, 7:31.

之灵魂，是奥林匹克运动的内因。目前，已发展成为人们的一种思想信仰。

1894年6月召开了巴黎国际体育代表大会，1894年6月23日成立了“国际奥林匹克委员会（IOC）”。宪章中关于奥林匹克思想内容之记载如下：“奥林匹克主义是身心全面发展的生活哲学，主张把体育运动与文化和教育融合起来，创造一种在努力中求欢乐、发挥良好榜样的奥林匹克教育价值并尊重基本公德原则的生活方式。奥林匹克主义的宗旨是促进建立一个维护人的尊严的、和平的社会。由国际奥委会领导的奥林匹克运动来源于现代奥林匹克主义。奥林匹克运动的宗旨是，通过具有奥林匹克精神的体育活动来教育青年，从而为建立一个和平的更美好的世界作出贡献。”

“奥林匹克主义”一词是顾拜旦首先使用的。但是，他却从来没有直接为自己创造的这一术语提出明确的定义。顾拜旦在不同的时间和场合对之有不同的表述，如称之为“维护世界和平的强有力的因素”（1896），“强壮的身体文化”（1908），“建立在某种哲学和宗教理论上的学说”（1929），“一种高尚纯洁、耐力和体力的学派”（1931）等。此外，他还称奥林匹克主义是“一种精神状态”“信条”“青年们崇拜的对象”，“奥林匹克主义的基础是推崇奋斗、蔑视危险、热爱祖国、慷慨、骑士精神、熟识艺术与文学”等。

经过多年的讨论，“奥林匹克主义”一词终于出现在1991年6月16日生效的《奥林匹克宪章》中。这也是国际奥委会第一次给奥林匹克主义以正式的定义：“奥林匹克主义是增强体质、意志和精神并使之全面发展的一种生活哲学。奥林匹克主义谋求体育运动与文化和教育相融合，创造一种以奋斗为乐、发挥良好榜样的教育作用并尊重基本公德原则为基础的生活方式。”①

奥林匹克精神（Olympic Spirit）就是指互相理解、友谊、团结和公

① 孟俊庆，盖立忠，商鸿林. 试论奥林匹克教育模式与学校体育改革[J]. 体育文化导刊，2006, 5:65.

平竞争的精神。[①]也是奥林匹克运动本质的、内在的、核心的内容实质。奥林匹克精神是奥林匹克运动的旗帜，是奥林匹克运动文化形态的本质内容，是人们的世界观在奥林匹克运动中的反映，代表了人们对奥林匹克运动的理想、追求和价值观。它既贯穿了奥林匹克宗旨，又融会了奥林匹克的理想，还兼蓄了奥林匹克的原则。[②]激励社会群体应该具有这种精神。通过奥林匹克精神的宣传教育，能间接地促进社会群体更加理性、更加和谐地生活在一起。[③]从根本上说，就是为了追求在体力和智力上的“更快、更高、更强”的奥林匹克理想，代表了人们对奥林匹克运动的理想、追求和价值观。[④]不仅给体育竞赛注入了强有力的精神动力，也给整个社会扬起了理想的风帆。奥林匹克精神蕴涵着丰富的青少年心理健康教育内容。[⑤]

奥林匹克精神是人们对奥林匹克运动内容实质的认识，也就是人们的世界观在奥林匹克运动中的反映，代表了人们对奥林匹克运动的理想、追求和价值观。它贯穿了奥林匹克宗旨，又融会了奥林匹克的理想，还兼蓄了奥林匹克原则，是奥林匹克运动的旗帜。互相理解、友谊、团结和公平竞争是奥林匹克精神的核心内容。奥林匹克精神对和谐发展的价值追求与当今社会的主流价值是一致的。构建和谐社会不仅是当今中国社会的本质要求和主流价值，也是古往今来奥林匹克运动的精髓。《奥林匹克宪章》指出：“奥林匹克精神是相互了解、友谊、团结和公平竞争的精神。通常包括参与原则、竞争原则、公正原则、友谊原则和奋斗原则。”奥林匹克精神中所蕴涵的公平、平等、正义等内容，奥林匹克精神从根本上说，就是为了追求在体力和智力上的“更快、更高、更强”的奥林匹克理想。这种理想主义的精神，不仅给体育竞赛注

① 中国体育年鉴[M]. 北京:人民体育出版社, 1994.

② 王小春, 王保金, 严春辉. 奥林匹克精神与奥运金牌的价值分析[J]. 体育文化导刊, 2006, 11:38.

③ 王传友. 论现代奥林匹克运动的教育逻辑[J]. 西安体育学院学报, 2009, 1:41.

④ 郭怡, 于浩飞. 论奥林匹克精神与青少年心理健康教育[J]. 北京体育大学学报, 2005, 3:343.

⑤ 王军, 王猛. 奥林匹克运动与人的社会化[J]. 体育与科学, 2002, 11:20-24.

入了强有力的精神动力，也给整个社会扬起了理想的风帆。奥林匹克精神的教育意义，对人的社会化是有益的。①

奥林匹克精神是人们对奥林匹克运动的内容实质（精髓）的认识，是奥林匹克运动文化意识形态的本质内容，是人们的世界观在奥林匹克运动中的反映，代表了人们对奥林匹克运动的理想、追求和价值观。它既贯穿了奥林匹克的宗旨，又融会了奥林匹克的理想，还兼蓄了奥林匹克的原则。奥林匹克精神蕴涵着丰富的青少年心理健康教育内容。②

三、核心概念阐述

（一）奥林匹克教育

对奥林匹克教育价值概念界定之前，我们首先要了解什么是奥林匹克教育。不论是顾拜旦，还是《奥林匹克宪章》，都强调奥林匹克教育功能，但都没有给奥林匹克教育一个明确的界定。与奥林匹克运动的实践相比，“奥林匹克教育”一词的出现相对较晚，最早出现在20世纪70年代有关奥林匹克研究的文献中。1980年，前任国际奥林匹克学院院长尼西奥蒂斯先生在国际奥林匹克学院第20届国际青年营上首次对“奥林匹克教育”的概念进行了界定。

我国著名学者任海教授认为，奥林匹克教育是以青少年为主要目标群体，通过体育运动传播奥林匹克价值的教育活动。

张建华认为，奥林匹克教育是奥林匹克运动的重要组成部分，它以奥林匹克运动为载体，以全体民众特别是青少年为奥林匹克教育对象，通过体育、文化与奥林匹克教育相结合的方式，向受教育者传递奥林匹克运动的知识、文化、价值观和生活哲学，养成健康的生活方式，促进人的身体、心理和社会行为的和谐发展，进而促进以世界和平为目的的一种奥林匹克教育实践活动。③

---

① 王军, 王猛. 奥林匹克运动与人的社会化[J]. 体育与科学, 2002, 11: 20-24.

② 郭怡, 于浩飞. 论奥林匹克精神与青少年心理健康教育[J]. 北京体育大学学报, 2005, 3: 343.

③ 张建华, 等. 北京奥林匹克教育的可能遗产[J]. 教育科学研究, 2007, 12:13-17.

随着奥林匹克教育在中国的逐渐展开和不断深化，国内一些学者也开始尝试从不同角度对奥林匹克教育进行界定，为研究奥林匹克教育奠定了基础。由于视角不同，不同学者对奥林匹克教育内涵的理解也不尽相同，有的从奥林匹克教育内容角度来阐述，有的着重从奥林匹克教育对象来理解，更多的则是对奥林匹克教育进行综合性的诠释……综合考虑，我们从6个方面把握“奥林匹克教育”内涵：①奥林匹克教育的地位。奥林匹克教育是奥林匹克运动的有机组成部分。它是整个奥林匹克运动的重要内容，也是体现和普及奥林匹克精神的必由之路。②奥林匹克教育的对象。奥林匹克教育的对象是全人类，尤为重要的是青少年。因为青少年是奥林匹克运动的主要参与者。③奥林匹克教育的目标。维护和促进人类社会共同的根本利益，如和平、友谊、进步。④奥林匹克教育的载体。奥林匹克教育是通过体育、文化和活动相结合而展开的，所以，体育、文化、活动是奥林匹克教育的重要载体。⑤奥林匹克教育的内容。具体来讲就是奥林匹克的知识、制度、文化、价值观等。⑥奥林匹克教育的目的。奥林匹克教育的目的旨在促进人的和谐发展与世界的和平。显然，奥林匹克教育从目标、内容到手段，都具有鲜明的普适性，具有超越政治、阶级、民族、宗教等各种社会界限的普遍意义。①

奥林匹克教育是奥林匹克运动的起点和归宿。顾拜旦创立奥林匹克运动的真正目的就是为了传播奥林匹克教育思想，促进青少年身心的和谐发展。奥林匹克教育是沿着个体到社会、微观到宏观的逻辑顺序构建的。首先是使个人得到全面发展，进而扩展到整个社会，实现其改造社会，建立美好世界的目标，努力为人类社会的发展作出贡献。②

（二）奥林匹克教育价值

鉴于对教育价值和奥林匹克教育的论述，本书认为奥林匹克教育价

① 任海. 奥林匹克教育与跨文化传播[J]. 教育科学研究, 2007, 12:5.

② 裴东光, 黄文卉, 刘永汐. 开展奥林匹克教育——奥运主办城市的责任与义务[J]. 首都体育学院学报, 2005, 7:16.

值，是指奥运主体（人）与奥运教育物体、奥运教育关系、奥运教育活动、奥运教育结果等之间相互需要与满足的关系。

奥林匹克教育价值体现的是一种主客体之间需要与满足的关系。离开了主体的需要，奥林匹克教育价值就不复存在，因此奥林匹克教育价值具有主体性特征，表现在：①主体的多样性表明奥林匹克教育价值的复杂性；②主体的个体性决定了奥林匹克教育价值的独特性；③主体的发展性带来了奥林匹克教育价值的可变性。[①]奥林匹克教育价值的这种复杂性需要多方协力、综合考虑、权衡利弊以使奥林匹克教育价值理念趋于统一，从而对教育实践具有价值导向功能。奥林匹克教育价值的本源、核心价值是连接时空的不变价值，而同时空的变化而发生变化的是可变价值，这与奥林匹克教育价值具有主体性特征密切相关。不能以时空的变化为理由改变本源价值和核心价值，奥林匹克教育价值应回归本源，紧紧抓住其本源价值、核心价值。

首先，在宏观上奥林匹克教育价值表现为我国奥林匹克教育价值不同于西方世界的奥林匹克教育价值，渗透有自己的民族文化特性。其次，在微观上表现为作为个体的教育主体在文化上的不同属性，导致奥林匹克教育价值的差异。奥林匹克教育价值的发展性表明，无论是个体文化属性还是民族文化特性，都会随着历史的变迁和时代的发展而变化，奥林匹克教育价值亦是如此。[②]

奥林匹克教育价值作为奥林匹克运动的核心价值，是衔接古代和现代奥林匹克运动的必不可少的载体和纽带。对奥林匹克教育价值的充分认识和解读，对于我们理解和审视中小学体育教育地位、理念和作用，是一种不可缺少的推动力。奥林匹克运动源于体育活动，而又高于体育活动，是一项为全世界所认可的社会文化活动，其本身所蕴含的奥林匹克教育价值已完全超越了体育运动本身。以奥林匹克教育价值为视角，古代和现代奥林匹克运动一脉相承，有共同的核心思

① 王坤庆. 教育哲学: 一种哲学价值论视角的研究[M]. 武汉:华中师范大学出版社, 2006: 220-226.

② 冯青来. 文化与教育[D]. 武汉:华中师范大学, 2007:110-112.

想，发挥了教化社会、净化心灵和完善全人类文化的外部特征，也是奥林匹克教育价值的发生、发展、繁荣、衰落、复兴、辉煌的内在动力和生命力。

经过一百多年的快速发展，奥林匹克运动不断完善，已经形成了一套独特的教育价值体系。从奥林匹克教育价值主体的不同层面看，奥林匹克教育价值分为个人、社会两个不同的层面，对应到具体实践领域，可分别对应为奥林匹克个人教育价值和奥林匹克社会教育价值两类。

奥林匹克的个人教育价值始终关注个人的全面发展。从一定意义上说，人类对理想社会的追求，其实质就是追求人的全面和谐发展，因为社会的发展归根到底是个人的全面发展。奥林匹克个人教育价值对人的全面发展的关注，是从个人的身体与心理的协调发展入手的。古希腊时期，斯巴达体育教育与雅典体育教育的理念和实践给了我们很好的启示，尽管斯巴达人夺取了古奥运会历史上最多的冠军，但是雅典人建立的身心一致的体育哲学和教育思想却成为人类奥林匹克思想史解放的源泉。奥林匹克运动创始人顾拜旦从古奥运会教育遗产中得出了奥林匹克运动是身心二元文化的结论，根本否定了世俗所认为的体育竞技只是“身”的一元文化的观念。马克思和恩格斯把人看作是肉体与精神的统一体。认为只有既能从事体力劳动，又能从事脑力劳动的个人，才是全面发展的个人。由此确定了新的个人体育教育价值，并在此基础上演变成奥林匹克主义的核心——个人的全面发展。“在奥林匹克圣火下，参加体育运动不仅是身体的健康、娱乐，更重要的是通过体育运动使人的思想、道德、精神及意志品质得到全面提升，成为符合社会发展的一代新人”。①这是奥林匹克个人教育价值的核心内涵所在。②

奥林匹克社会教育价值集中体现在建设公平和谐的社会。奥林匹克

① 郝勤. 奥林匹克运动与中国传统文化思想的一致性: 兼论顾拜旦复兴奥林匹克运动的思想基础[R]. 北京:纪念顾拜旦论文报告会, 2001.

② 孙葆丽. 奥林匹克运动人文价值的历史流变[D]. 北京:北京体育大学, 2005:28.

社会教育价值以竞争为基本前提，参与者都拥有平等的权利，所有的竞争过程都有严格的制度规约，竞赛项目都有细致而严格的评判标准，对场地、器材有统一的要求，参与者在相对公平的条件下，进行技术、战术、体能、心理素质的综合较量，体现了对每个个体人的尊重和人人拥有平等竞赛权利的社会教育价值。奥林匹克运动是竞争的典范，是一个用公平、平等、自由的思想方式和行为方式去面对社会改革和变迁，为人类社会构筑了一个公平竞争和规范竞争的小型社会模式，是一个平等得使每一个人都愿意接受，通俗得使每一个人都能够接受的实践模式。通过新闻媒介的传播，人们的亲身体验，人们都受国际社会共同承认的“体育规则”的约束。这套规则包括《奥林匹克宪章》、竞技项目规则、竞赛规程、裁判法和其他有关政策文件。它们都具有法律效力，是评判比赛结果、仲裁奥林匹克纠纷事端、评价健康体育行为的根据。①

（三）中小学体育教育

中小学体育教育是教育的组成部分，是教师和中小学生通过身体活动和其他一些辅助性教学手段进行有目的、有计划、有组织的教育过程。体育教育本身是一个完整的教育体系，分为普通体育教育和专业体育教育两类。中小学体育教育（Physical Education）是狭义的体育，俗称“小体育”。其基本特征是突出的教育性和教学性。中小学体育教育以教学为主要途径，以课堂教学或专门性辅导为主要形式，以身体练习和卫生保健为主要内容。中小学体育教育是人类特有的一种文化活动。它的存在和发展与人的存在与发展有密不可分的关系，承载着继承优秀体育文化、传递体育价值、培养社会合格人才等使命。

新中国成立以来，中小学体育教育一直是学校教育的重要组成部分和学校课程体系的重要内容。早期的中小学体育教育具有的人文教育色彩较淡，体育课程的科学化倾向和学科中心倾向日益加强，其主

① 孙葆丽. 奥林匹克运动人文价值的历史流变[D]. 北京:北京体育大学, 2005:29.

要表现是“增强体质”和“技能传授”逐渐成为中小学体育的主要目的，在一些学校的实践中甚至成为了唯一目的；目前，中小学体育指向受教育者的身体完善逐渐转变为主要指向受教育者的身心全面发展的完善。

本书的中小学体育教育是指小学、初中和高中学生接受的体育教育过程，是师生为达到一定的体育教学任务或目标，掌握一定的教学内容而进行的教与学的双边活动。体育教育课程内容涵盖整个体育显性、隐性课程。

随着人类社会的快速发展，中小学体育教育功能和作用也发生了巨大变化。作为塑造人的体格、人格的一种手段，体育教育在教育中的功能逐渐异化。过分强调动作形态，挖掘人的生物潜能，以运动成绩衡量体育教学的现象时有发生，致使体育教育在发展过程中出现了僵化，限制了学生的身心全面和谐发展。

（四）中小学体育教育价值

（1）中小学体育教育价值。中小学体育教育价值体现的是主客体之间的一种满足关系，是一种主观性判断，针对教育过程中的不同参与主体。参与主体不同的价值取向，会形成各种不同的体育教育价值。我们认为，中小学体育教育价值就是体育教育属性对中小学生主体需要的满足。体育教育价值之所以产生，是因为体育教育具有一定的属性，同时中小学生对体育教育有一定的需要，体育教育属性满足主体需要的过程便产生了价值。从教育价值的主体指向上来说，可分为个人教育价值和社会教育价值。本书中的体育教育价值是以主客体作用说为逻辑起点，针对广大中小学生展开论述的。那么，人和社会对体育的追求是什么？体育对中小学生来说有什么关系？概括一下，学校体育教育对中小学生有多个方面的价值：健身价值、培养兴趣价值、自我保护价值、社会承认价值、团体归属价值……体育教育对社会的教育价值主要有五方面：增强体质价值，增进健康价值，使人们具有很好的支配和使用业余时间的价值，使人们具有很好地为社会服务的价值，协调人际关系的价值。[①]中小学体育教育满足人和社会对体育教育的需求，即学校体育教育能提高学生运动能力、体能的教育价值，满足学生们追求运动的教育价值，能给予学生愉悦的情绪体验等教育价值……[②]不同历史时期，中小学体育教育有不同的价值需求，从“双基”体育教育价值追求到如今“终身体育”教育价值的确立，中小学体育教育价值发生了质的变化。

体育教育价值体系中的一个基本问题是对参与体育运动自身的认识问题，即关于“参与学校体育运动自身是手段还是目的”的定位问题[③]，这是划分体育教育价值基本派别的根本依据。[④]对此问题的不同回答，将体育教育价值划分为手段论教育价值和目的论教育价值。

（2）手段论教育价值。手段论教育价值认为运动锻炼的主要目的，在于运动锻炼本身之外的其他（社会）目标，把运动锻炼看成是一种手段。手段论教育价值是建立在国家及社会利益基础之上的。它往往以制度的形式强制性或半强制性地“控制”着运动锻炼及其参与者，对于运动锻炼者的个人满足与需求是被忽视的。

（3）目的论教育价值。目的论教育价值认为运动锻炼的主要目的，在于运动锻炼自身，它强调通过运动锻炼来满足人自身的需要。[⑤]它以运动锻炼自身及从事运动锻炼的人的自身满足为着眼点，尊重个体的意愿，有利于个体情意和个性目标的发展。[⑥]

在现代中小学体育教育价值产生和发展的历程中，一开始手段论教育价值占了上风。随着社会的变迁，随着人本主义的复兴，目的论教育

① 毛振明. 体育教学论[M]. 北京:高等教育出版社, 2005:38.

② 张文静. 体育教学价值研究[D]. 南京:南京师范大学, 2007:29.

③ 于晓东. 整体性体育课程研究[D]. 南京:南京师范大学, 2008:91.

④ 于晓东, 谢争, 顾渊彦. 从分裂到整合——谈学校体育的手段目的论价值观[J]. 中国学校体育, 2004, 5.

⑤ 顾渊彦. 体育社会学[M]. 南京:南京师范大学出版社, 1999:118.

⑥ 于晓东. 整体性体育课程研究[D]. 南京:南京师范大学, 2008:92.

价值越来越受到人们的关注。从20世纪末至21世纪初学校体育课程的发展来看，这一趋势是显而易见的。

（五）教育价值选择

教育价值选择是指教育部门、体育行政部门、体育教师、中小学生根据需要和已有的条件，通过教育价值分析和比较，从奥林匹克教育对主体可能产生的不同教育价值中选择最优教育价值效果的活动过程。一定的主体有着复杂的结构和多种需要，他（或她）与奥林匹克教育相互作用就可能形成多种教育价值。因此对同一主体来说，他（或她）的教育价值关系具有复杂的结构和等级。所以，主体确定教育价值目标的过程也就是面对着多种可能的教育价值做出价值选择的过程。人的需要不是单一的，在一定时期主体有主导需要，同时还有其他需要，所以主体选择的应是优化的教育价值结构体系。总之，教育价值的多样性和等级性以及主体需要的具体性是教育价值选择的根据。教育价值选择的内容主要包括教育价值目标选择和教育价值的实现手段选择两个方面。其中教育价值目标选择是核心，教育价值目标选择决定实现教育价值手段的选择。在教育价值选择过程中，教育价值观念无疑起着调节作用。教育价值观念体现着主体的教育价值追求，是主体教育价值选择的标准体系。主体在进行教育价值选择时，必须遵循一定的原则。主要包括：客体性与主体需要相统一的原则、最优化原则、兼顾主体各种需要与急需优先相统一的原则、局部需要与全局需要相结合的原则、教育价值目标与教育价值手段相统一的原则等。

所谓教育价值选择是主体根据自身的需要对客体所做的应然选择。教育价值形成过程表明，教育价值是主体在实践中选择的结果。由于主体需要以及客观事物的属性是多种多样的，因此人们的教育价值选择也是多样的。不同的人、不同的群体有不同的教育价值选择，从而表现出教育价值取向的差异，即教育价值观上的差异。人们的教育价值选择又不完全是主观任意的，它要受到多种因素的影响和制约，主要包括功利、情感、道德、审美等主观性因素和社会历史条件等客观性因素的制约。所以，人的教育价值选择既是多样的，又是统一的，是多样性和统一性的内在统一。因此，在特定的社会中，人们的教育价值选择必然是在众多的教育价值取向中保持一种主流的教育价值导向，引导主体教育价值选择的正确进行。

（六）教育价值实现

教育价值实现是奥林匹克教育作用于主体的过程及其结果。教育价值的实现是对过去教育价值的最终确证。人们活动的最终归宿不在于教育价值而在于教育价值的最终实现，人们活动的最终目的不仅是认识教育价值，而且是实现教育价值、享用教育价值和创造教育价值。教育价值作为能力是一种未然性的东西，教育价值实现则是未然变已然的过程，而教育价值实现的结果则是一种已然状态。[①]

教育价值实现的第一阶段首先表现为教育价值关系的生成，教育价值关系的生成是教育价值实现这一完整过程的有机组成部分之一。教育价值的实践形态是教育价值存在和发展的第二个阶段。这一阶段的实质是现实教育价值的创造，使观念形态的教育价值变成现实的教育价值成果。教育价值实现的形式不是任意的，教育价值首先表现为一种观念，直接受当下教育价值观念的制约，教育价值观念本身是一个蕴含着总体教育价值目标的具有丰富内涵的系统，具有系统的整体性、结构性、层次性等一般特征。在教育价值系统内，总体性教育价值目标被分解为系统的教育价值子目标，总体性教育价值目标是通过各个子目标的实现而实现的。尽管这些子目标各有特定的内涵，但在创造教育价值过程中，它们都表现为两种基本的存在方式：目的性教育价值和手段性教育价值。主体直接追求的目标，就是目的性教育价值，构成实现目的性教育价值的诸种教育价值要素（信念、规范、活动等）即表现为手段性教育价值，目的性教育价值是总体性教育价值

① 王智. 价值与价值实现[J]. 西南民族大学学报, 2005, 12:314.

目标的阶段性表现。目的性教育价值与手段性教育价值的划分，只是在实现某个特定的教育价值目标上才具有绝对的意义。在这个阶段上，目的就是目的，手段就是手段，两者不可混淆。但就实现总体教育价值目标的全过程而言，它们之间的划分又是相对的。一定阶段上的目的性教育价值，在下一阶段可能表现为手段性教育价值，反之亦然。

教育价值系统内各子目标，逐级采取了手段性教育价值和目的性教育价值两种基本形式，通过以主体能动性为中介作用于客体（属性、功能、活动等），主客体双向互动逐步得到实现。当各子目标教育价值的实现积淀到一定节点时会引起教育价值系统质的飞跃，从而使总体教育价值目标成为现实。总体教育价值目标有了现实的教育价值成果还不是教育价值的实现。只有当教育价值成果进入主体的消费过程，才是教育价值的最终实现。正如马克思所指出的“产品在消费中才得到最后完成”。教育价值的实现过程，就是教育价值的消费过程，就是主体需要满足的过程。教育价值的实现与消费，是教育价值存在的第三个阶段。

教育价值总是具体的、历史的。总体性教育价值目标的实现和消费，标志着教育价值运动的一个相对完整过程的结束。随着实践的发展和人的教育价值追求的跃升或改变，通过特定的途径，新教育价值扬弃旧教育价值，新的主客体教育价值关系取代旧的主客体教育价值关系，使教育价值运动在更高的程度和更宽的层面上展开。需要—创新—新的需要—新的创造是教育价值运动的总规律，这种循环方式连续不断、生生不息。[①]

教育价值的实现作为价值实现的下属层次问题，也遵循着这样的阶段性基本特点，忽视了教育价值问题就等于忽视了教育前进的方向，丢掉了教育价值实现的问题就等于丢掉了教育向一定方向前进的力量，也就无教育价值可言。[②]

① 张听. 关于价值实现机制的理论问题[J]. 云南社会科学, 1999, 12:40-42.

② 王全宾. 教育功能、教育价值、教育目的论[J]. 山东师范大学学报, 2001, 5:41.

四、研究的整体结构

奥林匹克教育价值的概念，位于“教育价值”的概念之下。因为“教育价值”体现的是主体的需要与客体的属性二者之间的关系，所以本书紧紧围绕“教育价值”、“关系”，以马克思主义哲学和价值哲学为理论基础展开研究。奥林匹克教育价值是我国中小学体育和奥林匹克运动经过碰撞、交汇、冲突、筛选、融合、积淀后所产生的独特教育文化现象。所以要想深入研究我国中小学奥林匹克教育价值的实现，首先就必须研究清楚奥林匹克教育价值，我国中小学体育是什么现状，然后探寻、分析、解释奥林匹克教育价值对我国中小学体育产生的影响。

本书第一章的研究思路，提出了教育价值理论是本书的研究基础，阐释了奥林匹克教育、奥林匹克教育价值、中小学体育教育、中小学体育教育价值、教育价值选择、教育价值实现核心概念。第二章是对奥林匹克教育价值的研究。从奥林匹克教育价值的缘起、创始人顾拜旦对奥林匹克教育价值的阐述谈起，对20世纪中后期以来奥林匹克教育价值的快速发展作了梳理，提出了奥林匹克教育价值的体系，从内容体系、表现形态、载体三个方面对奥林匹克教育价值进行了阐述，从理论上探讨奥林匹克教育价值的实现。第三章从我国中小学奥林匹克教育的现状入手，分析影响奥林匹克教育价值的主要因素，说明中小学体育教育中奥林匹克教育价值的缺失。之所以写这部分内容，是因为我国中小学体育教育不是把奥林匹克教育文化无条件地全部接受下来，而是要有选择性地挑选和吸收教育价值。第四章接着分析“为什么是这样”，这就从纵深方向寻找奥林匹克教育价值缺失的原因。第五章分析奥林匹克教育价值如何实现及其价值实现的不同模式与途径。第六章，切合实际论述青奥会与江苏学校体育的和谐发展，最后得出结论。全书按照提出问题、分析问题、解决问题的逻辑思路进行整体设计，以定性研究为主。

第二章　奥林匹克教育价值研究

一、奥林匹克教育价值的缘起与发展

(一) 古希腊哲学中奥林匹克教育价值的阐述

美国宾夕法尼亚大学的副教授John A.Lucas在他的*Baron de Couberitin and Thomas Arnold*一文中，认为顾拜旦的奥林匹克主义的哲学思想来自于古代希腊整体的哲学思想——和谐精神，也有19世纪阿诺德的道德教育价值思想。作者认为顾拜旦采用了阿诺德的三个教育价值理念：宗教、道德纪律、绅士的行为和智力的能力。[①]

在雅典城外阿波罗神庙的墙上，醒目地铭刻着古希腊哲人梭伦的一句名言：人啊，认识你自己！古罗马哲人爱比克泰德（约公元1世纪）就这样告诫人们："……你锻炼身体的时候，你参加讨论的时候，你不知道你养育的是神，你锻炼的是神，你带着神跟你在一起，可怜虫，可是你不知道。"体育就是人类认识自我的一种方式，当人们在体育和竞技中体会到力量与欢愉，并把它作为敬献神灵的祭品和君主的贡品时，并没有意识到这种力量和欢愉感受源于人自身。在很长一段时间里，人们都以为它是神灵的赐予。

苏格拉底、柏拉图和亚里士多德是古希腊最著名的思想家，对体育教育价值都有自己独到的见解。

（1）苏格拉底的体育教育价值思想。苏格拉底的思想保存在他的弟子色诺芬和柏拉图的回忆中。他深知身体健康的重要性，痛感当时雅典

① 谭华.体育史[M].北京:高等教育出版社,2009:99.

的年青一代能言善辩，但不重视体育锻炼和军事训练，形成了文弱之风。针对这种情况，他提出，没有健康的身体是人生取得成就的最大障碍。反复提醒雅典人要重视体育锻炼，提出锻炼身体、培养体力是终身的生活手段。在他的眼中，若无视年轻人的体育，没有健全的体魄，就不可能学好文化，也就更谈不到执干戈以捍卫国家了。柏拉图在《理想国》里，也记录了苏格拉底有关终身体育的思想："体育教育与音乐教育一样，应该让他们从小就开始接受，而且，体育训练应该十分小心，并且要终其一生。"他自己常年坚持锻炼，每日都会出去散步和进行体育锻炼，以保持身体健康和精力旺盛。①他在自己创办的学校里亲自教授"健康学科"。

（2）柏拉图的体育教育价值思想。在体育实践中，柏拉图超过了自己的老师苏格拉底。其代表作《理想国》论述了关于青少年身心和谐发展和理性教育的思想，人们应以理性教育为核心，以和谐教育论为基础，接受体育锻炼就是受教育。从事身体锻炼活动可以净化灵魂，获得道德上的提升。②柏拉图认为，人会被外部世界的各种因素所影响，而丧失分辨善恶和美丑的能力，所以需要通过教育来保持身心健康，恢复正确的审美情趣，缩短与道德美之间的距离。而音乐教育和体育锻炼的有机联合，可以使两者（指理性与情感）更为和谐一致地发展。其中体育教育包括骑马、掷弹、标枪、弓箭、体操、角力、饮食卫生等，不仅能炼强健的体魄，而且能训练勇敢的心理品质。

柏拉图提倡简单而朴素的身体锻炼，并且多次强调身体锻炼要适度。适度的、有规律的锻炼可以起到教育的功能，像职业运动员似的生活方式，其实是有害于身体与心理健康的。③

虽然古希腊的众多竞技赛事大都禁止女性参与，但在日常生活中女性参加体育锻炼却受到某种程度的鼓励。柏拉图有平等的体育意识，他认为青年人，无论男女，都应该严格地受到音乐、体育的教育，从而成

① 色诺芬. 回忆苏格拉底[M]. 北京:商务印书馆, 1985.

② 柏拉图. 理想国[M]. 北京：外语教学与研究出版社, 1998.

③ 色诺芬. 回忆苏格拉底[M]. 北京:商务印书馆, 1985.

为优秀的卫国者。女人在一切方面都与男人拥有完全的平等，因为其本性是一样的。①

（3）亚里士多德的体育教育价值思想。亚里士多德 也是古希腊最著名的哲学家之一。他继承了苏格拉底和柏拉图的思想，注重学生的身心和谐发展，第一个从理论上论证了体育、德育和智育的关系，明确提出体育、德育和智育全面发展，智力发展依赖于健全的身体。因而首先是身体教育，其次是品德教育，最后为智力教育。从苏格拉底到亚里士多德，“节制”“勇敢”和“公正”这三种最重要的品质贯穿于他们的思想之中。亚里士多德伦理思想的核心是“追求幸福”，构成幸福的因素有12个，其中健康、美、强壮、身体魁梧、良好的竞技道德等5个因素都属于体育的范畴。②

在儿童教育方面，应预先把儿童交给体育教师和角力教师，他们了解体育促进肌肉发达的原理。这些人分别能造就儿童的体质和教给他们身体方面的本领。即健康、强壮、勇敢。

他认为身体的降生先于灵魂，所以非理性先于理智。因此，“应当首先关心孩童们的身体，而后才是其灵魂方面，再是关心他们的情欲。当然关心情欲是为了理智，关心身体是为了灵魂。”③所以，体育必须优先。

（二）顾拜旦对奥林匹克教育价值的论述

法国教育家皮埃尔·德·顾拜旦是现代奥林匹克运动的创始人，出生于法国贵族家庭。童年时遭遇普法战争。法国人民所受的耻辱激发了顾拜旦振兴法国的爱国热情。青年时代，顾拜旦完成高等教育的学业后，积极投身教育改革事业。他曾说：“文明的未来此刻既不依赖于政治，又不依赖于经济的基础，而是取决于教育的方向。”只有改革教育，增强青少年体质才是救国之道，才能拯救颓废的法国青年。1883

① 罗素. 西方哲学史（上）[M]. 北京:商务印书馆, 1963:151.

② 谭华. 体育史[M]. 北京:高等教育出版社, 2009:102.

③ 亚里士多德. 政治学（第7卷）[M]. 北京：中国人民大学出版社, 1994:263-264.

年他先后到欧洲和美洲的发达国家考察和访问，考察了各国的教育制度，对英国托马斯·阿诺德实行的体育教育非常感兴趣。英国的学校尤其是英国公立学校体育活动开展得非常好，特别是橄榄球、水上运动深受学生欢迎。他认为，英国推行的一种以竞技运动和伦理道德为基础的德、智、体全面发展的教育体制，在此体系中，竞技运动充当了主要角色，其价值在于可以同时收到身体训练、道德教育和社会活动能力的功效，是强有力的修复青年一代失衡身心的促进剂。[①]而在法国，学校没有设置体育课，学校课程设置偏重数、理、化课程。

顾拜旦提倡的奥林匹克教育是开放的、自由的、艺术的、尊严的教育。在《我为什么恢复奥林匹克运动会》一文中，顾拜旦说道："我深信，奥运会是使我们今天的年轻人进步和健康的奠基石。唯有体育能使年轻人在娱乐和自由的时间内施展他们的力量——精神力量和身体力量，现代年轻人的运动生命需要奥运会的复兴。鉴于此，我呼唤奥运会的复兴，不止是法国、英国、希腊和意大利，而是整个人类世界。复兴奥运会的必要性在于，要用它来提倡真正的、纯粹的体育精神指导下进行的体育锻炼的尊崇和奉献，是骄傲的，令人欢乐的，也是忠实的……青少年往往受困于陈旧的、复杂的教学方法、愚蠢的放纵、鲁莽的严厉以及拙劣肤浅的说教让青少年失去身心平衡，我想这就是为何要敲响现代奥林匹克时代的钟声的原因。"[②]

顾拜旦复兴奥运会的初衷是为了复兴古希腊的体育教育思想，从而引起人们对体育的重视。顾拜旦试图创立一种新的普世教育模式，通过体育教育促进青少年的身心和谐发展。顾拜旦认为："体育不只是肢体运动，更应从思想和情操上培养和教育青年。"他历经重重困难，于1894年6月23日，成立了国际奥林匹克委员会（IOC）。标志着奥林匹克运动正式诞生。

顾拜旦对古代奥运会有深刻的了解，曾对古希腊文化进行深入的研

① SEGRAVE. Toward a definition of Olympism[M]//JEFFREYO, SEGYAVE, et al. The Olympic Games in transition. New York:Human Kinetics Books, 1988:150.

② 季传武. 顾拜旦奥林匹克思想研究[D]. 北京:北京体育大学, 2006:32.

究。他认为，古希腊竞技运动具有的特殊社会价值、艺术和品德高尚的公民共同构成古希腊文明的三大支柱。而体能活动是青年人教育的一个组成部分，人们把体能的发展看得如同思想发展一样重要。柏拉图说过"体魄靠体操增强，灵魂借音乐洗炼"。

奥林匹克竞赛获胜者被尊称为"英雄"，在古代奥林匹亚宙斯神庙前的广场周围，树立着这些英雄们的雕像。除了体育竞赛，当年的奥林匹克运动会也是哲学家、诗人、艺术家、历史学家、作家等交流活动的场所。奥林匹克运动会提供了思想交流和交锋的理想场所。艺术家们也从体育活动所包含的形体美中获得了各种创作的灵感。顾拜旦指出："奥林匹克主义……提倡人人享有普遍的体育教育，培育其勇猛及大度的性格，展示其美学和文学的才能，使之成为民族发展和家庭幸福的动力。"

1897年，顾拜旦在法国城市勒阿弗尔，主持了主旨为"体育、卫生与教育"的奥林匹克大会。顾拜旦认为，奥林匹克运动会有助于缔造一个和平美好的世界。要做到这一点，不是仅靠体育本身，而是与文化、教育相结合，并遵守普遍的道德规范。

顾拜旦毕其一生，主张把体育的发展与文化的深化发展相结合。他认为，艺术、文学和体育是一个整体。这个整体不是三者的机械相加，而是三者的相互渗透、互相促进。他说："应该将体育看作是艺术的创造者。体育产生美，也塑造了运动员这个活生生的雕像。"为了贯彻他的思想，顾拜旦于1906年5月23日在巴黎召开了"艺术、文学与体育协商会议"。70多名作家和艺术家参加了这次聚会，共同探讨如何在现代奥林匹克运动会的庆典中实施包括艺术、文学活动。会议建议国际奥委会组织五项竞赛，即建筑、音乐、雕塑、绘画和文学，称之为"缪斯的五项运动"，每4年举行一次。这个建议付诸实施则是6年以后的事。1912年，在第5届奥林匹克运动会上，同时举行了第一次艺术竞赛，颁发了5枚金牌和6枚银牌。获得文学竞赛金牌作品的是一首长诗，题为《体育颂》，作者是乔治·霍罗德和埃什巴赫。当时谁也不认识这两位作者，直到1919年，顾拜旦才说出来他自己是这首诗的作者，参赛时用的是化名。①

1927年4月27日，法国教育家皮埃尔·德·顾拜旦在一篇《致各国青少年运动员》的信中说："当今世界，充满了发展的极大可能，但同时也存在着危险的道德衰败，奥林匹克主义能建立一所培养高尚情操与心地纯洁的学校，也是发展身体耐力和力量的学校，这必须在进行强化身体练习的同时不断加强荣誉观念和运动员大公无私精神的条件下才能做到。"②

在顾拜旦的《奥林匹克教育》一文中，他提到把奥林匹克运动发展成"permanent factors"，把国际奥林匹克运动发展成为推广奥林匹克教育的网络。通过教育把"围绕体育活动而产生的人类素质延伸到所有的个人活动中去，这样就会出现一种社会体育"。顾拜旦试图把对青年的教育扩展到整个社会和世界，因此他的教育思想无处不在。

在顾拜旦的回忆录中，他是这样解释的，"奥林匹克是一所纯洁和净化人们心灵的学校，在这里身、心、智得到锻炼，体育精神得到弘扬，奥林匹克主义的核心是教育"。

德国专家Muller认为，顾拜旦的奥林匹克教育是注重"内心的、道德的、有责任感的教育"，即对青年人品德、性格、文化气质的培养。在《奥林匹克主义和教育》一文中，顾拜旦谈到了教育和现代教育，通过古希腊式的教育方式来实现教育目标。他认为，人在同一个时间要驾驭"四匹马"，即肌肉、理解力、性格、意识。这也成为教育价值的四个主要内容。而现代的教育，如果肌肉只是动物的本能和冲动的产物，智力只是积压着松散的内容，意识也只是失去了宗教支撑的感觉，至于性格就更加没有人对他负责。教育工作者都是片面的，古代希腊的身心合一的教育方式已经沦丧。③

---

① 何振梁. 奥林匹克运动中的文化与教育[J]. 体育文化导刊, 2004, 11:4-5.

② 季传武. 顾拜旦奥林匹克思想研究[D]. 北京:北京体育大学, 2006:32.

③ 季传武. 顾拜旦奥林匹克思想研究[D]. 北京:北京体育大学, 2006:32.

顾拜旦试图把奥运会作为年轻人的成人礼，让每4年成长起来的青年人都平等地接受这种教育。对于奥林匹克教育，他认为，对于各个民族和人民都是平等的。顾拜旦常引用的一个金字塔理论就是为了让100人锻炼身体，需要50人从事运动，为了让50人从事运动，就需要20人专门训练，为了让20人接受专门化训练，就必须有5个有突出成绩的运动精英。虽然奥林匹克崇尚精英至上，但是顾拜旦也很看重金字塔的塔基，即发展大众的奥林匹克运动，所以他提出："all sports for all people""all games，all nations"的观点。他想通过大众教育使奥林匹克主义在全世界广泛传播。

顾拜旦自认为是一个教育者，而他经营的奥林匹克运动就像是一所学校，奥林匹克主义更像是一个伟大的教育计划中的一个教育宗旨。他为这个国际性的学校创造了美好的、和平的氛围。他要为来自世界各地的年轻人精心准备成年礼，从运动、体能活动、思想、情操上培养青年，传递给他们自古就有的生活态度。1918年顾拜旦提出了"用奥林匹克影响年轻人，让他们理解生活，对生活充满热情"。

顾拜旦在洛桑建立了奥林匹克学院，为法国和比利时的战犯提供体育教育和基础教育。他不断呼吁要建立城市体育中心，强调体育俱乐部的民主作用，消除人类的不平等现象。1925年11月，他在洛桑建立了教育大学联盟，旨在召开各种与现代城市教育有关的活动和会议，还起草了教育改革宪章。1930年，通过了由各国教育大臣参加的日内瓦会议。关于体育教育，顾拜旦撰写了100多篇文章和30多本书，但当时并不受大众关注。即使在国际奥委会内部，也只有一小部分支持者。顾拜旦不无遗憾地说："体育界的领导人都是技术官员，不是奥林匹克精神的护卫者。"所幸的是，当今的奥林匹克教育正在越来越回归到文化和教育的精神内核。[①]

顾拜旦是一个人文主义者。他极力主张通过奥林匹克运动提高个人、改进社会。他心中的奥林匹克运动一直是以教育价值为主线，把教

① 黄文卉. 国外奥林匹克教育研究[J]. 北京体育学院学报, 2003, 6:24-25.

育价值作为奥林匹克运动的出发点和归宿。其思想显然对中国的中小学体育教育价值有着深远的借鉴意义。①

纵观顾拜旦一生的奥林匹克教育改革思想和实践，教育是奥林匹克运动的核心内容。从一定意义上说，复兴奥林匹克运动会是他教育改革思想的具体化。从教育环境看，奥林匹克的环境就是一个教育的环境，奥林匹克仪式、奥林匹克文化、奥林匹克艺术、发展大众体育等都是为了体现它的教育目标。从奥林匹克思想看，奥林匹克教育思想有两个意义：一个是通过奥林匹克主义教育和影响青年，另一个是通过教育传播奥林匹克主义。从奥林匹克教育功能看，奥林匹克主义教育功能的体现，是以体育活动为主要载体，通过对青少年进行身体、心智和道德品质等多方面的教育，培养全面发展的人。从奥林匹克教育模式看，他从事奥林匹克工作的基本目的，不是以奥林匹克运动去推行竞技运动，而是把竞技运动纳入教育。可见，奥林匹克运动的核心是通过体育运动来教育青少年，使之身体和精神都达到最佳境界。②

（三）20世纪中后期奥林匹克教育价值的发展

国际奥林匹克委员会作为奥林匹克运动的主导者，应充分意识到自己的责任，时刻关注整个人类的生存状态，努力使奥委会成为不同文明、不同国家、不同政治制度之间沟通的桥梁和纽带，大力提倡尊重、公平、竞争、友谊，反对性别、种族、宗教、政治制度等任何形式的歧视，培养身心和谐发展的个人，建设和维护人类社会的尊严，为建立一个和平、更加美好的世界作出贡献。概括起来说就是英文的三个词：Friendship，Excellence，Respect。③

1961年，国际奥林匹克学院成为奥林匹克教育的中心。顾拜旦提

① 裴东光. 奥林匹克教育本土化价值研究[J]. 体育文化导刊, 2009, 8:129.

② 陈中林, 姚蕾, 黄晓明. 高校开展奥林匹克教育的价值归属[J]. 体育文化导刊, 2003, 2:43-44.

③ 何振梁. 奥林匹克运动与人类文明交融[J]. 体育文化导刊, 2007, 1:3-4.

倡的教育价值为国际奥林匹克学院办学宗旨继承，依照所订的规章，国际奥林匹克学院的办学目的是根据古希腊时所建立的古代奥运会的教育原则来传播奥林匹克主义。在国际奥林匹克学院每年举行的国际研讨会上，许多专家、学者和优秀的讲师们，发表许多演讲，阐释奥林匹克的理想教育价值及其应用方式。①1961年至1998年间，国际奥林匹克学院组织了近800个研讨和会议讨论与奥林匹克主义相关的议题，近10万人次参加，有效地促进了世界奥林匹克教育价值的发展。由于国际奥林匹克学院的成功运作，各国奥林匹克委员会也认识到从基层进行奥林匹克教育，传达奥林匹克教育价值的重要性，以及建立专业奥林匹克教育机构的必要性。因此，从1966年始，陆续有70多个国家建立了奥林匹克学院，致力于奥林匹克教育和奥林匹克教育价值的传播，实施奥林匹克教育计划，通过各种形式在中小学和公众当中进行奥林匹克教育价值的宣传。②

奥林匹克教育价值主要通过奥林匹克主义、奥林匹克宗旨、奥林匹克格言、奥林匹克精神、奥林匹克理想等内涵得以体现。其基本涵义是相通的，都属于一个统一的范畴，既相互区别，又互相联系，以丰富的奥林匹克教育文化内涵，从不同的视角给青少年以启迪和鼓舞。

现代奥林匹克运动从成立伊始，历经一个多世纪的风云，也曾遭受一些挫折，如：第一、二次世界大战，冷战，1976年蒙特利尔、1980年莫斯科、1984年洛杉矶奥运会的接连抵制，90年代以来日益浓厚的体育商业化使人们尤其是年青一代的教育价值迷失。这些不禁让人对奥林匹克教育价值产生怀疑。对于奥林匹克运动市场化、社会化发展过程中出现的偏离奥林匹克核心教育价值的现象，突显出当前对奥林匹克教育价值的研究越来越重要。

（1）萨马兰奇的奥林匹克教育价值思想。

萨马兰奇先生对奥林匹克教育价值非常重视，他指出：“体育运动

① 王军, 王猛. 奥林匹克运动与人的社会化[J]. 体育与科学, 2002, 11:20-24.

② 黄文卉. 国外奥林匹克教育研究[J]. 北京体育学院学报, 2003, 6:26-27.

应当有助于教育它的实践者或组织者去培养运动员的品质。”萨马兰奇先生一直提倡将奥林匹克与文化、教育结合起来。在他的提议下，国际奥委会专门成立了文化委员会、教育委员会。他认为奥林匹克就是体育加文化，要求举办奥运会的城市在奥运会期间举办文化艺术展览活动，提倡各国奥委会在本国开展奥林匹克的雕塑、绘画等活动。他本人就是一位体育邮票的收藏爱好者。国际奥委会总部就收藏有世界各国优秀的奥林匹克文学艺术作品。①

萨马兰奇曾在《奥林匹克运动》一书的序言中精辟地论述了奥林匹克运动的人文教育价值，强调“离开了教育，奥林匹克主义就失去了意义”。可见，教育价值既是奥林匹克的起点又是它的归宿，更是它的核心。奥林匹克是一种教育、一种精神修养，是一种精神哲学，更是一种价值的教育。奥林匹克运动应当有助于人文教育，通过人文教育使人们去拼搏，努力克服困难，而不是遇到挫折、困难或者不称心就畏缩，培养人们勇敢的精神……通过人文教育使人们懂得自我控制和秩序性的重要，去培养他们节制；培养他们的集体责任感，待人磊落坦诚，正义感；通过教育他们客观地与他人比较，客观地评价自己的优点和品质，培养他们的谦虚……”②，“通过个人拼搏、榜样的示范、尊重人类的普遍伦理原则给人快乐”。③换言之，体育运动的终极目标是快乐而不是痛苦，是乐观而不是悲观。在奋斗拼搏中，展现人类生命力的旺盛与永不衰竭。拼搏和奋斗的最终结果是人超越了自我，实现了自我价值和潜能的最大发挥，发展和完善自我，使主体深感成功的快乐与自豪。

（2）罗格的奥林匹克教育价值思想。

罗格在就任国际奥委会主席的宣言中曾郑重声明：“奥林匹克运动独有的力量在于她在一代代年轻人中间传播一个梦想……体育作为一个教育工具将使他们获益良多，体育有利于他们身体和心灵的发育，体育教他们遵守规则、尊重对手，体育带给他们社会经验和知识，体育还让

① 易剑东. 浪漫的理想与严峻的现实[J]. 体育文化导刊, 2001, 4:53-54.

② 张兮. 奥林匹克教育与人文精神培养探析[J]. 体育文化导刊, 2004, 10:30.

③ 萨马兰奇. 奥林匹克回忆[M]. 北京:世界知识出版社, 2003.

他们证明自己，并获得快乐、骄傲和健康，国际奥委会的职责就是：让这个梦想永存!”[①]也就是说，即便是国际竞技体育，也不仅仅是为比赛而比赛，而是通过体育竞赛获得一种价值提升——体育运动对个体身心完善的教育价值，对个体规则感、秩序感的教育价值，尊重他人的教育价值、展示自己、证明自己的教育价值……就是通过没有任何歧视，以友谊、团结和公平为核心精神的教育价值来教育青年，从而为建立一个和平而美好的世界作贡献。

2001 年，国际奥林匹克委员会主席罗格提出了举办青奥会的设想。2007 年 7 月 5 日，在危地马拉城举行的第 119 次国际奥委会全会上，国际奥委会一致同意创办青少年奥运会。这是一项专为年轻人设立的体育赛事，将体育、教育和文化等范畴的内容重新融合，跳出纯竞技的圈子来扩展体育的外延部分，进而增进奥林匹克教育价值更为深远的影响力。除了体育竞赛，青奥会更加注重在运动会举办期间的教育与文化活动。这其中包括关于奥运教育价值的互动和论坛，讨论如何通过健康的生活方式和反对使用毒品，使青年人成为真正的具有体育精神的人。来自世界各地的奥运冠军、体育名将，将承担起传播奥运教育价值的重任。罗格认为，青奥会中的文化与教育项目和竞赛本身同等重要。

2003 年新年，罗格发表体育宣言：奥林匹克的格言是更快、更高、更强，当然，我们将继续保留这个格言，但是，在新世纪来临的时候，或许对体育来讲需要新的格言，那就是：更干净、更人性、更团结。参加奥运会的梦想把青年们引导到体育世界，而体育作为一个教育工具使他们获益良多，国际奥委会的职责就是：让这个梦想永存！[②]罗格认为，“奥林匹克运动独特的力量在于它具有激发一代代青年的梦想的能力。奥运冠军的榜样激励着青年运动员，使他们向往和参加奥运会。体育运动强化他们的身体与精神，教会他们遵守规则，尊重对手，帮助他们融入社会，培养他们的社交技能。体育运动给他们以个性、欢

① 雅克·罗格. 国际奥委会新主席的就任宣言[J]. 体育文化导刊，2002, 9:10.

② 谭华. 体育史[M]. 北京:高等教育出版社, 2009:283.

乐和自豪。体育运动改善他们的健康。国际奥委会的责任就是使他们的梦想永葆青春，参与奥运会，完善这一奥林匹克教育工具。”

历届奥林匹克运动领导人都不同程度地强调奥林匹克教育价值，历届奥林匹克代表大会在体育运动的奥林匹克教育方面也都倾注了大量的时间……离开了奥林匹克教育，奥林匹克主义就不可能达到其崇高的目标。

《奥林匹克宪章》也重点强调了这一思想。如：“奥林匹克主义是增强体质、意志和精神，并使之全面均衡发展的一种生活哲学。奥林匹克主义把体育运动与文化和奥林匹克教育相融合，谋求创造一种以奋斗为乐、发挥良好榜样的奥林匹克教育作用并尊重基本公德原则为基础的生活方式。”奥林匹克运动的宗旨是：“通过没有任何歧视、具有奥林匹克精神——以友谊、团结和公平的精神相互了解——的体育活动来教育青年，从而为建立一个和平的更美好的世界作出贡献。”①

二、奥林匹克教育价值体系

奥林匹克教育价值体系是一个比较完整的思想体系，贯穿于整个奥林匹克教育之中②，很难用几句话来表示，但必须明确以下三点：第一，《奥林匹克宪章》是现代奥林匹克运动的根本法，是奥林匹克主义的全面体现，是国际奥委会为发展奥林匹克运动而制定的总章程和总规则，它是奥林匹克教育价值的行动纲领，为国际单项体育组织、国家奥委会、奥运会组委会以及洲际或世界性的奥委会组织所遵守，奥林匹克教育价值也在此框架条件下应运而生。第二，奥林匹克主义是奥林匹克教育价值的哲学基础。奥林匹克主义是增强体质、意志和精神并使之全面发展的一种生活哲学。奥林匹克主义谋求把体育运动与文化和教育融合起来，创造一种以乐于付出努力、发挥良好榜样的奥林匹克教育价值并尊重基本公德原则为基础的生活方式。提倡通过体育和文化及教育相结合，培养身心和谐发展的人，注重优秀榜样的教育价值为基础的生活方式，主张通过理解、友谊、团结和公平的体育竞赛来教育青年，使体

① 任海. 奥林匹克教育的价值[J]. 教育科学研究, 2006, 12:16.

② 任海. 奥林匹克运动[M]. 北京:人民体育出版社, 2005.

育运动与教育、文化相结合，以达到人的全面发展的目的。“体”者，人之本也。意志和精神皆寓于体质，只有使这三者全面地、协调地发展，才能更好地体现其教育价值，为社会作出更大贡献。[①]第三，奥林匹克精神：互相了解、友谊、团结和公平竞争是奥林匹克教育价值的灵魂。

（一）奥林匹克教育价值的内容体系

1. 核心内容：超越

奥林匹克教育价值的核心内容是超越。超越是指从劣势向优势转化的临界状态，从量变到质变的微妙平衡点，指矛盾主客双方在内外部因素作用下地位变化的过程。

顾拜旦指出：“希望对运动进行种种限制就如同追求乌托邦的梦想。技艺高超的运动员所需的是‘超越的自由’，这正是向他们提出‘更快、更高、更强’口号的原因，也正是那些勇于立志打破纪录的运动员的法宝。”[②]“更快、更高、更强”的口号正是超越自我的体育精神的生动表现。在体育运动中，人们不承认人的存在有一个最终的历史界限，运动者通过坚持不懈的锻炼、激烈的竞争来突破人类自身的存在界限，个体在体育中不断塑造自我、更新自我，使个体在肉体和精神上不断趋向健康、趋向和谐、趋向完美，只要体育锻炼的过程仍在继续，这种超越自我的过程就不会终止。现代奥林匹克运动继承了古代奥运会荷马时期形成的不断进取的核心——超越精神，并使之成为了社会前进的精神动力。[③]

超越不仅可表现为超越自我、追求更完美，而且超越有不同的层次和方向。西方哲学上有“横向超越”和“纵向超越”之分。“横向超越”，是指从在场的东西超越到不在场的东西。“纵向超越”，是指表面

① 闫华, 李强, 戴永恺. 对全国高校大学生进行奥林匹克教育的研究[J]. 辽宁体育科技, 2006, 1:82-93.

② 顾拜旦. 奥林匹克理想——顾拜旦文选[M]. 北京:奥林匹克出版社, 1993:151.

③ 黄莉. 中华体育精神研究[D]. 北京:北京体育大学, 2006:67.

的直接的感性存在超越到非时间性的永恒的普遍概念中去。[①]

奥林匹克教育价值的超越还可从不同的角度和层面去理解。超越自我，超越对手，超越庸俗，超越不完美，超越束缚，超越现实，超越人性的弱点，超越种族、地域、国家的界限，超越肉体、超越死亡和超越有限的生命，追求人类共有的人性，追求人类共同的价值：友谊、爱、正直、真诚、正义、进步、和平、美、尊严等，超越是一种发展，促进个人的全面发展。

2. 横向体系：卓越、友谊、尊重

（1）卓越。卓越是一种境界，它不是一个标准，也不是优秀，而是优秀中的最优。卓越是一种追求，它在于将自身的优势、能力，以及所能使用的资源，发挥到极致的一种状态。奥林匹克的格言："更快、更高、更强"就是对卓越最好的解释。对追求卓越的主体而言，卓越包括两层意思：①参与竞赛，敢于拼搏，勇往向前的挑战精神；②不甘平庸、征服自我、超越自我的坚强意志。从追求卓越的过程看，奥林匹克运动中充满了公正、平等、自由、规范。为获取竞赛的胜利，由竞争衍生出了求实精神、科学精神、效率精神、创新精神。努力超越自我，追逐成功；超越对手，追求极限；超越平庸，追求崇高；超越人性弱点，寻觅英勇的英雄气概；超越种族、地域、国家，追求人类的美和尊严。超越有限的生命，追求生命的永恒……

追求卓越是一种价值追求，是人们不断改造自我、发展自我、完善自我的过程。认可竞争起点的公平，承认竞争结果的巨大差异。从思想来源来分析，追求卓越，是以西方理论的"人性"和"进化论"为理论基础，早在古希腊，就有"公正即斗争"观念。近代，霍布斯认为，人的本性是竞争的。[②]随后，马尔萨斯认为，生存竞争是永恒的。在此基础上，达尔文提出"物竞天择、适者生存"的进化论思想。赫胥黎把"生存竞争"从自然界直接引入人类社会，竞争观在马克思主义中也占

① 张世英. 哲学导论[M]. 北京:北京大学出版社, 2003.

② 陈会昌. 竞争社会文化、心理透视[M]. 北京:北京师范大学出版社, 2002.

有重要地位。斯宾塞认为，自然选择过程将导致最强竞争者的生存和人口质量的不断改进，这种竞争是人类进步的最有力工具等。这些观念是与民主思想相适应，逐渐萌发、凝聚而形成的。①

（2）友谊。友谊是一种以个体为指向的双向结构，反映的是不同个体间的情感联系。是指不同个体相互之间建立起来的一种动态的紧密作用的同伴关系。具有亲密性、稳定性和双向性的特点。良好的友谊关系可以消除个体孤独感，促进个体掌握更复杂的社会技能，促进其社会能力的发展。

对个体而言，奥林匹克教育活动就是通过体育活动加强人与人之间的沟通，从而不断加强个体之间的友谊；对全人类来说，奥林匹克运动的发展不但促进了两国间的体育往来，更促进了两国人民之间的友好往来，使人类的友谊超越了意识形态、宗教信仰、地域环境等限制，打破了根深蒂固的成见和历史上形成的敌意，促进了个人、民族、国家之间的友谊，增进了人民和国家之间的相互了解。

1984年我国在洛杉矶奥运会上所取得的巨大成功，使广大美国民众及在美华侨对中国有了新的认识。中国运动员所展现出来的勇往直前的奋斗精神，更让广大的美国民众及在美华人钦佩不已。中国运动员在感受美国风土人情的同时，也在向广大的美国民众及在美华人宣传中国的新面貌，为文化交融建立起桥梁。在体育活动中，不同文化背景的人在相同情况下做出相同的选择，不断减少文化背景间的相互排斥。②

顾拜旦认为，奥林匹克运动会必须每4年给全世界青年一次愉快的、亲兄弟似的相聚机会，这是因为，这种相聚将逐渐克服人们对关系到他们所有人的事物的无知，一种煽动仇恨、积累误解和对抗，沿着野蛮小径走向残酷冲突的无知。③通过消除无知、误解和仇恨，不同民族进行有效沟通，能增进相互尊重和理解，赢得友谊与欢乐，实现世界上

① 黄莉. 中华体育精神的文化内涵与思想来源[J]. 中国体育科技, 2007, 5:9-15.

② 石硕. 从“友谊之旅”的历史意义看中美体育民间交流在文化交流中的活动[D]. 长春:吉林体育学院, 2007:14-17.

③ 顾拜旦. 奥林匹克理想——顾拜旦文选[M]. 北京:奥林匹克出版社, 1993.

规模最为巨大的世界民族大团结。

（3）尊重。体育不仅尊重对手、尊敬竞争中的成功者，也尊重竞争中的失败者。通过比赛的相互交流与沟通，人们展现了各种民族特色，逐渐消除来自不同民族的偏见、歧视和对抗，有效地实现世界范围的异质文化间的跨文化交流。①

尊重的前提必须是平等的、竞争的。平等竞争要求体育竞争必须是公平、公正、公开的。它严格执行竞赛规则，以保证平等竞争得以实现。只要一走上赛场，一切傲慢、偏见、歧视、身份、贫富统统失去效力，只有力量、速度、耐力、敏捷、智慧这类素质在起作用。以尊重、理解、友爱为内容的“平等、博爱”思想是体育产生巨大凝聚力的重要基础。②顾拜旦指出：“美和尊严在我们今天进行的最重要的体育比赛中应该引起足够的重视。”③人本主义心理学家马斯洛指出：“社会上所有的人都希望自己有稳定、牢固的地位，希望别人的高度评价，对尊严的重视、对自尊的强烈追求，需要自尊、自重，或为他人所尊重。牢固的自尊心是建立在实际能力之上的成就和他人的尊重的基础之上的。”④“自尊包括对获得成功的信心、能力、本领、成就、独立和自由等愿望……最稳定和最健康的自尊是建立在当之无愧地来自他人的尊敬之上，而不是建立在外在的名声、声望以及无根据的奉承之上。”⑤通过自己的实力得到了他人尊重，即自尊的需要满足之后，人就会产生自信。马斯洛指出：“自尊需要的满足使人有自信的感情，觉得在这个世界上有价值、有实力、有能力、有用处。”⑥

西方发达国家，例如，美国运动员的自尊自信是建立在强大的民族优越感的基础之上，进而表现出优于、强于对手的自信。中国运动员

① 黄莉. 体育精神的文化内涵与价值建构[J]. 体育科学, 2007, 6:89.

② 黄莉. 体育精神的文化内涵与价值建构[J]. 体育科学, 2007, 6:91-92.

③ 顾拜旦. 奥林匹克理想——顾拜旦文选[M]. 北京:奥林匹克出版社, 1993.

④ 托克维尔. 论美国的民主（上）[M]. 北京:商务印书馆, 2002.

⑤ 吴灿新. 当代中国伦理精神——市场经济与伦理精神[M]. 广州:广东人民出版社, 2001.

⑥ 朱永涛. 美国价值观——一个中国学者的探讨[M]. 北京:外语教学与研究出版社, 2002.

的自尊自信，不带有宗教信仰，以我们民族悠久的历史和灿烂的文化为自豪，希望与发达国家运动员平起平坐、赶上甚至超过其他民族的优秀选手。[①]

3. 纵向体系

按照奥林匹克教育对象的不同，以及个人在奥林匹克教育过程中所处的阶段不同，奥林匹克教育价值可分为奥林匹克个人教育价值、奥林匹克团体教育价值和奥林匹克社会教育价值三种。

（1）奥林匹克个人教育价值。奥林匹克教育始终关注个体的全面发展，重视个体自身价值。奥林匹克教育价值强调在塑造个人体格健康和体质强壮，还非常注重从观念上树立人的自尊、自爱、自立、自强、诚信，强调人独立存在的意义，认为每个人都应有自己的独立人格和独特价值，重视个体的自由、权利和尊严。通过参与奥林匹克教育的各类活动，使人们认识到，在体育活动中或生活中，我们应该排除前进中的万般困难去获取胜利与成功，用自己正直、勤奋、乐观、自信、毅力和开放的胸怀，光明正大地通过公平的竞争去赢得属于自己的荣誉与尊严。

奥林匹克教育价值崇尚搏击奋斗，要求竞技者在竞赛中全力以赴、奋勇搏击、调动全部潜能去进行力与智的较量。奥林匹克运动青睐有执着信念、不轻言放弃的运动者。通过自我控制，不惧前进途中的任何困难、风险、障碍和挫折，不肯轻易退却和服输，有敢于挑战、敢于征服的气概。这是奥林匹克教育对个人追求的终极目标。

（2）奥林匹克团体教育价值。在奥林匹克教育价值中，团体教育价值是以团队整体目标的实现为各成员努力的共同目标，以团结、合作为核心，在相互沟通信任的基础上通力协作、密切配合的价值观念。从团体成员之间的关系看，奥林匹克教育在团体活动中，队友之间、同学之间、朋友之间是协调合作、取长补短、共为一体、缺一不可的整体关系。在合作时，强调系统内各方有主有次，无论各方所起的作用是大是小，同一整体内各方努力的方向都是实现团队共同的整体目标。团队意

① 黄莉. 中华体育精神的文化内涵与思想来源[J]. 中国体育科技, 2007, 5:10.

识强调团队内部密切的协作互助，有相当强的整体效应。团体教育价值强调既要发挥主力队员的突破作用，也要发挥其他队员辅助进攻的支撑作用。从系统论的角度看，以“公平”为前提、“竞争”是核心。只有做到了协同一致，系统的整体功能才会大于系统内部各部分功能之和。团队内成员间相互信任、彼此相容是有效降低内耗、产生高效运作进而获得成功的心理基础。良好的合作机制、自觉普遍的协作意愿、主动灵活的协作方式，是成功合作的基石。在团队活动中，要突出无论物质、精神上，个体成员之间是共为一体、同舟共济、荣辱与共的关系。各成员应全方位投入，参赛时应全力以赴、尽心尽力、尽职尽责，相互尊重和宽容，求同存异。[①]

（3）奥林匹克社会教育价值。奥林匹克运动强调公平、竞争、民主、重在参与、精英教育、进取奋进、创新等社会教育价值观念。①公平竞争。体育是公平竞争的楷模，是公平竞争的典范之作，是人类社会最有益的竞争方式之一，任何体育竞赛必须严格遵守相同的“规则”。对应到社会中，对一切不合规则行为要给予限制和规定，养成社会公民的规则感和秩序感。②民主。奥林匹克社会教育价值的民主性。体育活动参与的大众性和比赛结果评定的公开透明性，在程序上决定了体育比赛是民主的过程。③重在参与。奥林匹克运动重在参与，“参与竞争重于获取优胜”在世界上产生了广泛的影响。个体都有权利表达自己的意愿、能自由平等地参与政治、文化、经济、体育等各项社会活动。④精英教育。奥林匹克主义崇尚精英教育，崇尚通过坚强的意志和超强的力量成为精英，这种精英具备骑士精神。⑤进取奋进。奥林匹克格言：“更快、更高、更强”集中体现了人类社会的进取意识，展现了人类社会所特有的永不停歇、永不满足、永远向前的进取奋进的价值。⑥创新。奥林匹克运动促进了社会创新价值，为获取奥林匹克运动竞赛的成功，衍生出求实、科学、效率和创新价值，在尊重事实的基础上，借助科学手段，提高投入与产出效率，研发新的训练方法、手段，才

① 黄莉. 体育精神的文化内涵与价值建构[J]. 体育科学, 2007, 6:92.

有可能夺得最后的胜利，有利于社会进步，这也是体育孜孜以求的目标。[①]

纵向体系中的三种教育价值之间互有重叠，你中有我，我中有你。因为个人教育价值和团体教育价值是社会教育价值的基础，社会教育价值是个人教育价值和团体教育价值的集中体现，不同的奥林匹克教育价值分别有所侧重，最终共同促进个人和社会的发展。

（二）奥林匹克教育价值的表现形态

1. 基本原则

据介绍，学者裴东光研究了德国教授Ommo Grupe博士关于奥林匹克教育的原则问题：从身心和谐发展、促进世界和平、追求完美、提升道德、推进人类解放五个方面阐述了奥林匹克教育价值的基本原则。

（1）身心和谐发展。奥林匹克教育关注的重点是人的和谐发展，也就是身、心、智的和谐发展与统一。奥林匹克教育不只局限于奥运会教育，也不仅仅局限于竞技教育，而是一种超越体育和竞技运动的关于人的全面发展、完善和社会和谐发展的思想、理论和教育活动。以奥运会为载体，通过申办、筹备、举办奥运会过程中的广泛宣传，对公众进行身体、心智和精神的全面教育。

（2）促进和平。顾拜旦经历了好多次痛苦的战争，深知人类对和平的渴望，而导致人类冲突的主要原因之一是人与人之间的误解。顾拜旦复兴奥运会的初衷不只是恢复古奥运会这一体育形式，而是为了促进人类和平和相互了解的盛会，创造一种促进人类和平的普世哲学。

（3）追求完美。奥林匹克教育鼓励人们发扬竭尽全力追求自身和过程完美的精神，运动者训练是一种不断进步、追求卓越、自我完善的体验过程。这种追求不只限于体能，还注重对个体的道德教育价值的培养，提倡追求超越、追求卓越。

（4）提升道德。公平竞争是社会道德准则之一。有了这一基本道德

① 黄莉. 体育精神的文化内涵与价值建构[J]. 体育科学, 2007, 6:93-94.

准则，方可使奥林匹克运动和社会文明继续。这一准则不应只体现在体育场上，更应在社会各领域竞争中得以体现，促进人与人之间的诚信、公平、公正、尊重等道德价值。但弘扬和维护这一价值任重而道远。

（5）推进人类解放。德国 Norbert Muller 教授为奥林匹克教育原则增加了一点：即通过体育促进人类解放。体育是一种生活方式，不分种族、人群、社会地位等都应参与其中，感受人类的自由、解放、和谐相处等，从而提高人类的社会责任感，推进人类解放的进程。[①]

奥林匹克教育中的一切原则，体现了为奥林匹克教育对象进行最好设计的美好意愿。家长、教师及社会都试图为奥林匹克教育对象设计一种理想的发展轨迹，但受教育者自身的个性张扬、情感需求、兴趣、志向又各不相同，对奥林匹克教育中的广大学生来说，接受奥林匹克教育的重要价值就在于认识真实的自我存在、需要，证明自我存在的意义和对奥林匹克教育需要的合理性。

奥林匹克教育价值是符合人性至善的一种普世性追求，是符合人性现实的一种普世性设计，奥林匹克教育价值中崇尚对人性的真实肯定、对天赋人权、个人自由的尊重和诉求，是突出的价值理念。

2. 教育形式

奥林匹克教育是以体育运动的形式实现着奥林匹克教育价值，但奥林匹克教育与体育运动不能完全画等号。奥林匹克教育绝不是单纯的体育活动，它涵盖了文化、艺术等活动，从而区别于单纯的体育活动，是以关注人自身发展为核心的文化。

体育源于游戏，体育是人类从出生就乐于参与的生活形式。游戏的形式融入奥林匹克教育价值，使游戏这样一个令青年人易于接受、乐于接受的平台，使奥林匹克教育价值成为一种潜移默化的教育贴近儿童、贴近青少年。

奥林匹克教育形式提倡的是积极参与而并不主张以严格的说教式的教育方式。在奥林匹克大众体育活动中，人们在亲身参与中体验奥运精

① 裴东光. 奥林匹克教育本土化价值研究[J]. 体育文化导刊, 2009, 8:129.

神。奥林匹克教育形式应当是互动的、参与的、生动活泼的，让教师和学生的想象力、创造力得到充分发挥。在参与中学习，在体验中领悟，这样的学习不仅是有趣的，而且容易产生长远影响。[①]奥林匹克教育为了克服恐慌和压抑，获得自信和安全感，获得好的教育效果，更强调以活动的形式实现它的价值，从而培养学生的自信、从容、开明和责任感。实施奥林匹克教育价值还体现在优秀运动员的榜样作用上。优秀运动员成为青年人效仿的偶像，他们的奋斗经历、爱国言行、团队精神对青少年成长都具有很好的奥林匹克教育价值。[②]

3. 教育目标

奥林匹克教育目标是使人们生活方式得到改善。奥林匹克教育会产生许多有益的效果，但最重要的应当是使青少年的生活方式得到改善，这也正是奥林匹克主义所要求的。《奥林匹克宪章》明确指出，奥林匹克主义是一种“生活哲学”，它要创造一种健康的“生活方式”。的确，只有健康的生活方式，才能培养出健康的、全面的、和谐发展的人才。我们应该着眼于生活方式的改善，使奥林匹克教育得以融入千千万万青少年的生活之中，发挥切切实实的作用。[③]

三、奥林匹克教育价值的实现

（一）奥林匹克教育价值的文化迷失

奥林匹克运动作为人类智慧的伟大实践活动，它的具体运动形态、各种规章制度、知识体系、观念、组织、宣传等，都是独一无二的体育文化现象。按照社会文化理论原理，奥林匹克教育文化表现为三个层次：第一，具体运动形态的器物层；第二，体育体制的制度层；第三，体育意识、观念的精神层。在这三个层次中，体育意识、观念、思想是奥林匹克教育文化的核心，中心是奥林匹克主义，而教育价值又是精神

① 任海. 奥林匹克教育的价值[J]. 教育科学研究, 2006, 12:18.

② 杨志成. 奥林匹克的教育价值与学校奥林匹克教育[J]. 教育科学研究, 2006, 12:23.

③ 任海. 奥林匹克教育的价值[J]. 教育科学研究, 2006, 12:18.

层的灵魂。在不同的体育文化背景里产生的奥林匹克教育价值又是不同的。教育价值又是行为规范的核心，行为规范又是教育价值的外在表现。失去了教育价值层的奥林匹克运动，只是一种运动形态、技术表演或战术战略。从这样的视角来说，决定人类奥林匹克教育行为的是精神层里的教育价值观念。①

一个多世纪以来，奥林匹克教育价值以富有人文精神的体育运动作为实现自己宗旨的途径，在世界各国青年间建立起友谊的桥梁，使奥林匹克教育价值得到了很好的发扬。奥林匹克教育过程中树立的公正、民主、竞争、协作、团结、友谊、谦虚、诚实等观念，是社会不可缺少的规范文化。但在100多年间，危机也实实在在地存在着，人类在享受奥林匹克教育价值带来幸福的同时，也品尝着奥林匹克教育价值执行不力所带来的苦果。

一些以西方体育文化模式为标准范本的社会隔离机制给和平友谊的奥林匹克投下不祥的阴影；功利至上的物质主义正在日甚一日地吞噬着人类对奥林匹克最美好的精神追求；金钱挂帅和道德迷失的渗透，已经使人们惊呼：要守住奥林匹克精神，拒绝堕落十分不易。②总地来看，奥林匹克教育价值表现为：西方体育教育价值文化主体模式倾向。

西方体育教育价值文化模式倾向。以欧洲模式为标准范本的奥林匹克教育价值，其西方体育文明精神不言而喻，源头可追溯至古希腊。古希腊城邦之间战争频繁，由此产生了含有宗教性和军事性的体育活动。古希腊的竞技场与神庙连为一体，人们通过祭祀来媚神，通过展示自己身体的竞技技艺来娱神，而奥林匹克运动最初的竞技运动项目，如掷铁饼、标枪、角力、肉搏术、摔跤、拳击等，大多和军事有关。

在全球化过程中，奥林匹克运动得到快速发展，成为引人注目的全球化现象。至2008年，奥林匹克运动已经与200多个国际体育组织结合

① 课题组. 新中国与奥林匹克运动双向驱动发展研究[M]. 北京:人民体育出版社, 2006: 14-18.

② 孙葆丽. 奥林匹克运动人文价值的历史流变[D]. 北京:北京体育大学, 2005:10.

在一起，形成了一个巨大的全球性的奥林匹克教育网。在这样一个巨大的网络中流动着数量可观的人、财、物、信息等各种资源。但是体育的全球化也带来了一些不容忽视的负面影响，其中之一便是奥林匹克运动文化的单一化。过程的单一化到一些国家非主流体育文化的存在，使一些人或地区产生脱离轨道和疏远的感觉。有些个人和社会对此深为忧虑，甚至因此而趋向孤立或排外。奥林匹克运动在全世界普及的过程中，一些与上述问题相似的征兆已现端倪。从竞赛项目看，源于西方的运动形式居于压倒性地位，除了柔道、跆拳道等东方传统体育项目外，其他都是西方体育项目。从运动员参与程度看，欧洲运动员参赛数量远超过发展中国家。从历届举办奥运会的城市看，除了东京奥运会（1964）、汉城奥运会（1988）、北京奥运会（2008），奥运会极少在非西方文化国家的城市举行。这就限制了其从西方以外的文化中吸取营养的机会。从奥林匹克运动的决策层看，主要由西方欧美国家人士主导。从运动员委员会的选举来看，亚非拉发展中国家的得票率很低，而北美、欧洲、大洋洲的得票率相当高。

奥林匹克运动的全球化过程伴随着一种趋向，即强调西方体育文化，其基本思路集中在如何帮助它们改善容纳西方体育的条件。这些国家丰富的传统体育资源却被忽视了。让其他非西方体育文化向西方体育文化看齐①，如果这样下去，奥林匹克运动越普及，对非西方的传统体育文化的威胁就越大。文化的多样性，这一奥林匹克思想体系的核心要素受到的压力也越大。从长远观点来看，这种状况并不利于奥林匹克运动的发展。

西方奥林匹克运动思想文化遍布全球，并领导着西方体育文化的发展潮流。有些学者认为，奥林匹克教育文化非常先进，我国体育文化必须全面学习西方体育文化。也有些学者认为，随着奥林匹克运动教育思想文化全球化发展，全面学习奥林匹克运动思想文化，意味着文化的单一化，意味着我们的体育文化一点一点地减少，意味着民族传统体育文

① 任海. 奥林匹克运动的全球化与文化的多样性[J]. 体育文化导刊, 2007, 5:81-82.

化的倒退。还有一些学者认为，我们应该两条腿走路，一边努力适应奥林匹克运动文化思想运动的步伐，一边加大民族传统体育的保护力度。还有部分学者认为，弱势文化向强势文化发展是事物发展的本能规律，所以学习奥林匹克运动的先进思想文化是发展我国体育文化的必然之路。只是学习的过程中不能机械地肯定，不唯西方奥林匹克教育文化的学习，还必须依据自己的实际情况不断创新，走请进来、送出去的发展道路。

奥林匹克运动教育具有制度化倾向。现代奥林匹克运动的很多项目起源于英国的户外游戏。这些游戏逐步组织化、规范化的过程是逐步演变成现代奥林匹克运动的过程。现代奥林匹克运动从游戏向职业竞技运动变化发展可分为五个部分：游戏—非正规比赛—半正规比赛—正规比赛—职业比赛。这五个层次越向高级阶段发展，其技术化和规则化程度也就越高。到了正规比赛以上的层次，其规则不再由参加者确定，而是由国际专项体育协会确定。

奥林匹克运动组织制度化的最高阶段是职业竞技，其深入发展对体育的实践具有积极意义。第一，最大限度地挖掘人的最大潜力；第二，以取得胜利和创造优异成绩为目标；第三，使奥林匹克教育得到最大限度的普及。[①]这是发展奥林匹克运动过程中的必经之路。

在制度化的发展过程中，我们也不得忽略一些危害奥林匹克运动发展的重要问题。

（1）功利主义倾向。过度的功利主义替代了神圣的奥林匹克精神。运动竞技逐渐失去其原来的意义，进而成为人们追求财富的手段。在一些奥林匹克体育活动中，人的精神与体魄是分离的，优胜者从最初的奖赏偏重于荣誉，逐渐发展成为优厚的物质奖赏，并授予某种特权。在巨额财富的引诱下，功利主义代替了理想主义，成了少数职业选手纯粹为金钱而进行的职业竞争场所。日益严重的现象带来的副作用使奥运会的理想和精神受到扭曲。奥运会赛场上开始出现营私舞弊、损人利己的不

① 曲宗湖，杨文轩. 域外学校体育传真[M]. 北京:人民体育出版社，1999:395.

良倾向。从公元前388年起，第98届奥运会上第一次出现了收买竞技者的丑闻开始，为了取得比赛胜利，各种不惜违反奥林匹克比赛规定的事件频频出现，贿赂裁判、收买对手、临场脱逃的现象屡见不鲜。[①]在奥林匹克运动场上，赛场暴力、黑哨、贿选、兴奋剂的幽灵正侵蚀着公正、友谊的奥林匹克精神。器材的高科技变相剥夺了运动员的竞赛权利，那种不顾一切的训练方法无异于饮鸩止渴；竞技演化至极的追求，把人由体育的中心沦落为量化纪录的工具，带来人的异化。人同其本质的分离，导致人类文明精神的丧失。腐败毒瘤已侵入奥林匹克的肌体，干扰着奥林匹克发展的正常秩序，毒害着奥林匹克风气，影响着世界和平。人们开始怀疑它的公正性、合法性，并不得不重新审视它的作用和未来的发展。[②]

（2）手段论价值观倾向。所谓手段论价值观就是把奥林匹克教育作为手段来实现奥林匹克运动以外的其他社会目的。第二次世界大战前，德国提倡的就是最为典型的手段论价值观。他们不关注体育自身的目的，关注的是法西斯德国的国家利益，因此奥林匹克教育的目的定位于健康、体力、军事准备、种族意识。其中，健康和体力仅是军事战争和种族意识的手段。

奥林匹克教育价值是奥林匹克教育存在对个人或社会的意义和价值，这种意义和价值决定了奥林匹克教育的基本发展方向。奥林匹克教育价值、教育目标与其提倡的生活方式有关。奥林匹克教育价值有两个层次：第一层次，对奥林匹克教育价值的总体认识，集中体现在重视或抵触奥林匹克教育的各种观念；第二层次，对奥林匹克教育价值取向的具体选择。

合理的奥林匹克教育价值取向，可以促使奥林匹克教育在社会发展进程中满足日益变化的个人和社会发展需求，从而实现奥林匹克教育价值。奥林匹克教育以人的全面自由发展为永恒价值和终极追求，在理论

① 罗时铭，谭华. 奥林匹克学[M]. 北京:高等教育出版社, 2007:16.

② 孙葆丽. 奥林匹克运动人文价值的历史流变[D]. 北京:北京体育大学, 2005:10.

上具有持久的稳定性，但当代奥林匹克教育的社会依附性、发展的阶段性，使奥林匹克教育价值的终极取向只能存在于理论或理想层面中。新中国成立以来，奥林匹克教育价值在现实中的体现，总体而言，国家和社会是奥林匹克教育中的绝对价值主体，奥林匹克教育中的个体价值并没有得到应有的充分重视，这也是当前奥林匹克教育应承担的责任及正面临的主要问题。

（二）奥林匹克教育价值的文化逻辑

奥林匹克教育价值同任何一门科学或学科一样，在理论形态上，要求有一个各个范畴与规律之间具有必然的内在联系的逻辑结构。“逻辑”一词有思想、思维、理性、语言等含义。这个结构必须是从一个恰当的简单规定出发，一步一步地推演出其中所蕴含的丰富内容，一层一层地规定着奥林匹克教育价值所把握的客观规律。这样的逻辑结构，是对奥林匹克运动发展的历史理论概括、逻辑再现，在总体方面或基本环节上体现出人们认识奥林匹克运动发展的内在联系和规律。这样的结构，是一个从最抽象的开端范畴逐步上升到具体范畴的逻辑递进过程。

教育价值之源在于某种或明晰或潜藏的教育文化理念，奥林匹克教育价值作为价值范畴的一个属类，亦不例外。从逻辑上来看，奥林匹克教育价值理念只能是由当前奥林匹克运动教育文化形态所导出，应该能反映当前奥林匹克运动文化形态所涵盖的教育价值意识和教育价值需求。奥林匹克教育价值理念的文化逻辑，实质上是当前奥林匹克教育文化多元化形态下的一种文化抉择。

鉴于我国当前奥林匹克教育文化形态主要是由自我体育文化与外域体育文化交汇而成，并处于现代奥林匹克教育文化的嬗变过程之中，因此，奥林匹克教育价值的文化逻辑过程理应对两种不同的奥林匹克运动文化的价值趋向呈现出各自不同的逻辑认同态度。

传统体育文化的扬弃。传统体育文化，即是源于中国体育文化基因库的传统型文化。我国幅员广阔、民族众多，传统体育文化的具体表现也分成若干层次。各民族体育文化的差异，东西部、南北部、城乡体育教育价值差异等都是普遍的事实。我国各个地域之间差别较大，不只是经济发展导致的差距。传统体育文化中的优秀成果和糟粕在不同地区各有偏重地存在着，需要经历扬弃的洗礼。

传统体育文化的扬弃有两种。第一种，传统型体育文化在面对现代奥林匹克体育文化的“他者”反照下的一种反省姿态，一种扬弃过程。第二种，各种传统型体育文化在不同语境中的存在方式，对待这种自我文化也需要有一种扬弃的态度。通过对不同层面的传统体育文化的扬弃，能够让我国的奥林匹克教育价值得以在一种相对合乎逻辑的文化形式基础上生存。

鸦片战争以来，我们对待体育文化的态度似乎一直未能找到一种理性的方式。历史上曾出现过对西方体育文化的全盘否定或全盘西化阶段。面对当前全球体育文化多元化不可避免的趋势，各种体育文化将不可能各自独立地发展，而且是在相互影响下形成多元共存的局面。各种体育文化在人类文化中的价值和影响将由其吸收他种文化中的某些精华因素和更新自身文化的能力来决定。吸收他种文化中的精华即需要我们对外来体育文化进行慎重的审度和考量，并不断更新自身体育文化的能力。实质上通过比照其他体育文化进行审视，就是一种自我文化的扬弃能力。

科学技术的迅猛发展，全球性的体育文化交流，使很多传统的体育道德和体育精神遇到了新的挑战。中国体育文化尽管有落后、僵化的一面，但更有它灵活、开放，吸纳、适应、调节、获取新生命力的一面。中国体育文化有自己的再生能力，能够与时俱进，能够跟上现代化、全球化的步伐，同时又保持自己体育文化的性格、特色、身份和魅力。

我国传统体育文化在伦理上是以道德本体主义为中心，崇尚和善、讲求仁爱、宣扬孝道、赞誉奉献精神的伦理文化，确实是维系人类社会和谐的润滑剂。但也造成了中国社会的泛道德主义，使过多的规范处处约束人的行为和思维，而导致人们思想僵化、行为保守、缺乏进取的意识，并且普遍缺乏个性和独立判断。这正是我们在学习奥林匹克教育价值取向上需要舍弃的，也是奥林匹克教育在实践中必须力戒的。

在理解奥林匹克教育价值中，必须厘清伦理的逻辑起点应是尊重，不是怜悯。奥林匹克教育致力于人独立的自我意识觉醒、在平等的自我尊严中体现出自身价值。中国传统体育文化的伦理价值，如果能超越“己所不欲，勿施于人”及“己所欲，施于人”的境地，而达至尊重他人作为独立个体存在的权力和尊严的境界。其道德为先、与人为善、宽容奉献、关爱他人等精神仍然应该被纳入当前奥林匹克教育价值理念的文化逻辑体系中，其自身同时也能够借奥林匹克教育之力得以进一步地发扬光大。

只有通过努力，奥林匹克体育文化的核心要素才有成长的基点和土壤。如果没有这个意识，则犹如坐井观天，会在世界体育文化大格局中失去生命力。中国体育文化当前正处于选择、自主创新的重要关口，选择和创新的重要契机在于与其他体育文化的交流、对话和融合中。

文化是在与人及社会的互动中发展的，奥林匹克教育正是这种互动的主要阵地之一。这种深层的文化自省也影响奥林匹克教育价值的取向，需要人们有一种理性反思的能力，认识传统体育文化深层内涵上的思维和心理障碍，勇敢承认自我体育文化的弱点，与时俱进，不断进行扬弃。只有这样才能保持奥林匹克教育价值的永恒性和发展性，才能促进人的发展及社会的进步。

奥林匹克教育价值的文化逻辑中所讨论的传统文化的扬弃，不仅指整个传统型体育文化在当前社会转型过程中的扬弃，也指地域之间、城乡之间等现实存在的体育文化差异的扬弃，即对我国传统型体育文化在不同语境中的存在形式，或局域的自我文化也要有所扬弃。对现代奥林匹克运动文化的核心价值而言，每个学生是否能够接受相对公平的奥林匹克教育就受到了严峻挑战。城市所谓重点学校与非重点学校之间，城市学校与农村学校之间，办学条件、奥林匹克教育质量的差距就愈加悬殊。奥林匹克教育价值理念的终极取向在于，使奥林匹克教育者建立起普世性的价值体系，并获得普世性的生存发展能力。只要我们能以现代奥林匹克教育文化的核心价值为参照，坚守扬弃传统文化的立场，保持尊重并融通他我文化的姿态，那么我国奥林匹克教育目前存在的差异是可以消除的。[①]

当前奥林匹克教育价值理念的文化逻辑需要对自我文化进行扬弃，也应该对外来文化抱有审慎的态度。本书所谈的外来文化虽然主体上是源于西方的体育文化，内含我们一直崇尚并宣扬的现代奥林匹克运动核心价值理念。但在其发展中，也沾染上了西方物欲主义的恶习和污秽，存在着工具理性膨胀、价值理性萧瑟的势头。需要过滤、去除糟粕，才能为我所用。当前，在急切的奥林匹克运动全球化进程中，须谨慎行事、力戒浮躁的心态。我们不可指望通过直接照抄照搬外来体育文化中的现代价值理念，就可以在当前奥林匹克教育价值理念的实践中大显身手。当前奥林匹克教育价值理念的文化逻辑在外来文化的审度上，其作为关节点的重要意义就在此。必须明确认识到，运动、技术、体能虽然是我们当前奥林匹克教育进程中的重要举措和目标，但其是缺乏终极价值的。技术的现代化过程是一个量变的积累，衍生出一系列目前正困扰奥林匹克运动的文化问题，价值理念上需要有前瞻性、超越性。

理论上，我们应该避免出现西方体育现代化过程中出现的工具理性与价值理性的对立，以及片面发展而衍生的危及人类社会自身的问题，如：兴奋剂、球场暴力、黑哨……奥林匹克教育的发展理当亦然。我们在吸纳西方奥林匹克教育价值理念和经验时，需要筛选。

奥林匹克教育价值总是在一定的体育文化意识前提下建构的。当前的奥林匹克教育价值也必然要在当前的体育文化形态前提下进行构

① 冯青来. 文化与教育——教育理念的文化哲学沉思[D]. 武汉:华中师范大学, 2007:139-148.

建。我国当前的奥林匹克教育文化形态的现状是一个复杂的混合体，是传统体育文化、现代奥林匹克教育文化、后现代体育文化意识混杂的文化多面体。这三种体育文化形态分属于当前体育文化形态中的“传统因素”、“主导因素”、“新显现因素”。就我国当前体育文化发展阶段及世界体育文化格局而言，我们无法否认传统型体育文化的教育价值，现代奥林匹克教育文化在一定意义上是理性缺位的文化启蒙的引领作用，后现代体育文化更是呈现出返璞归真的自然性。现代奥林匹克教育文化的本质体现在理性价值意识的觉醒。其核心是建立在理性启蒙基础上的公平、尊重、竞争、拼搏、平等、卓越、自由等。奥林匹克教育文化中一切堪称精华的因素，如：和平观念、竞争思想、民族意识、人文精神、理性精神的张扬等，无不源于这种理性的价值理念。这些优秀的西方奥林匹克教育价值理念，也应成为我国目前体育教育价值理念的逻辑起点，体现在我国当前奥林匹克教育价值理念中。我们对当前体育文化形态的界定，即体育文化形态中的“主导因素”确实在体育文化形态中占据着主导地位，引领着整个体育文化进行着理性的教育价值抉择。

奥林匹克教育价值要求“面向世界”，有些人就热衷于直接引进西方发达国家的奥林匹克教育理念而对不同国家间的文化根基和社会现实的差异理解不全，结果缺乏理性思考或论证的奥林匹克教育决策匆忙出台，以致执行中矛盾重重、举步维艰。

奥林匹克教育价值的本质在于促进人的全面自由发展，理应能够深入人们的价值意识中。[①]将奥林匹克教育价值作为整合的力量和思想资源纳入我国奥林匹克教育体系，消解奥林匹克教育的工具性弊端。

我们为当前体育文化形态下的奥林匹克教育价值理念的文化逻辑作简单小结：首先，对传统型体育文化为主体的自我文化而言，驱除长期以来唯我独尊的体育文化自亢心理。如费孝通先生所言，对中国文化在新的世纪中所要承担的使命，要有“文化自觉”意识，要在了解自身文

① 冯青来. 文化与教育——教育理念的文化哲学沉思[D]. 武汉:华中师范大学, 2007:135-139.

化的基础上展望世界。其次，要打消面对西方强势体育文化的自卑心理，勇于克服障碍，敢于肯定并发扬自我体育文化，如道德至上的体育伦理文化在某种程度上对人性的积极意义。使奥林匹克教育对我国当前体育现代化的发展发挥作用，并承担起开启民智，促进社会进步的当仁不让的责任。[①]

（三）奥林匹克教育价值的文化追寻

对奥林匹克教育价值理念的文化沉思，难免有形而上的意味。这种形而上的奥林匹克教育价值诉求，只有通过某种形而下的奥林匹克教育实践活动，才有可能实现其价值所在，因此，对实践层面的奥林匹克教育活动过程中的教育目的理念进行文化层面的批判与建构是必然的选择。

在奥林匹克教育发展史上，个人本位与社会本位的奥林匹克教育目的观之间一直存在纷争，科学主义与人文主义的奥林匹克教育目的观形成对峙也是无法回避的。这种奥林匹克教育目的理念的纷争与对峙，在我国当前体育文化形态下的表现依然凸显，值得关注。

1.奥林匹克教育价值的个人本位思想

奥林匹克教育价值的个人本位思想实质上是一种以人为本的思想。奥林匹克运动创始人顾拜旦通过学习和研究古代奥运会遗产，得出奥林匹克运动体育竞技是身心二元文化融合的结论，根本否定了奥林匹克运动中体育竞技只是“身”的一元文化的观念，确定了20世纪以来新的竞技体育教育价值观。

奥林匹克运动对人的全面发展时刻关注。从某种意义上说，奥林匹克运动对理想社会的追求，体现了个人的全面发展，因为社会的全面发展归根到底也是个人的全面发展。马克思把人看作是肉体与精神的统一结合体，认为既能从事体力劳动，又能从事脑力劳动的人，才是全面发展的人。奥林匹克运动对人的全面发展作用，关注的是从体力与智力的

① 冯青来. 文化与教育——教育理念的文化哲学沉思[D]. 武汉:华中师范大学, 2007:148-151.

协调发展。[①]奥林匹克主义的核心是人的全面发展。“在奥林匹克圣火下，参加体育竞技不仅是身体的健康与娱乐，更重要的是通过竞技使人的思想、道德、意志、品质、精神得到全面提高，成为符合社会发展需要的人”。[②]通过竞技运动手段，实现人的全面发展是奥林匹克运动个人层面人文价值的核心内涵所在。奥林匹克教育回归人本身，“以人为本”正是奥林匹克教育的本质内涵和文化价值所在。

正像刘再复所说的那样：“21世纪作为否定之否定，应是恢复人尊严的世纪，应是奥林匹克教育的世纪，奥林匹克教育就应以人为本，奥林匹克教育目的不仅仅是提供生存技能，而且要塑造人本身，塑造美好的人生。”同样，促进人的全面发展是奥林匹克运动的真正目的，奥林匹克运动本身只不过是达到这一目的方式和手段。离开了人的奥林匹克教育，奥林匹克运动就不能健康地发展，奥林匹克运动只有坚持“奥林匹克教育为主导，以人为本”的原则基础，合理地进行商业性开发才能持续健康地发展。[③]

2.奥林匹克教育价值的社会本位思想

奥林匹克教育以社会为本位集中体现在建设公平和谐的社会。奥林匹克运动以公平竞争为理想准则，是一种人道礼让的平等精神，是奥林匹克运动的前提和价值所在，也是奥林匹克教育的生命和宗旨。

奥林匹克运动对于建设公平和谐的社会具有非常积极的意义。奥林匹克竞技赛场的“费厄泼赖”（fair play）精神，是人类对体育道德的追求，也是对在法律面前人人平等的美好理想社会的向往。“奥林匹克运动向世人展示竞争的最终成败不在于人间一切先赋的不平等，而在于自身素质的高下和付出努力的多寡。奥林匹克运动最好地体现了这种公平意识，也正是由于这种平等的存在，才使奥林匹克运动为千万人所热爱、向往和追求”。[④]

① 孙葆丽. 奥林匹克运动人文价值的历史流变[D]. 北京：北京体育大学, 2005:19-20.

② 郝勤. 奥林匹克运动与中国传统文化思想的一致性——兼论顾拜旦复兴奥林匹克运动的思想基础[R]. 北京:纪念顾拜旦论文报告会, 2001.

③ 张兮. 奥林匹克教育与人文精神培养探析[J]. 体育文化导刊, 2004, 10:30.

④ 刘莉. 奥林匹克运动精神内涵的人文思考[J]. 曲靖师范学院学报, 2003, 11:90.

为了真正实践“奥林匹克运动的全民参与”理想，我国在全社会展开了“迎奥运、讲文明、树新风”和“我参与、我奉献、我快乐”的社会奥林匹克教育运动。这一运动面向社会全体成员，其目的在于努力使奥林匹克运动的精神惠及整个民族。通过全面开展奥林匹克教育形式，在亿万民众间开展奥林匹克教育活动，是北京奥林匹克教育对“奥林匹克运动的全民参与”理想的实践，是对国际奥林匹克教育的一大贡献。[1]

奥林匹克教育的基本构想就是通过体育运动促进人的全面和谐发展，进而扩展到改善社会，促进社会的发展，最后扩大到整个国际社会，使人类有一个和平的、更加美好的世界。

奥林匹克教育经历一百多年的发展，至21世纪初，人们不断构建和完善奥林匹克教育价值体系，价值在于延续，延续的目的在于对文化继承性的创新。

奥林匹克教育价值的延伸：和而不同的多元教育价值思想。奥林匹克教育价值涵盖是多层面的，是一个看似简单实际上复杂的问题。奥林匹克教育价值是由奥林匹克价值内容和百年奥林匹克事业的发展构成的，是历史与现实紧密结合铸造的，依据的是西方体育文化价值特征，这是奥林匹克教育价值形成的基石。按照人类学的相对理论，各个民族都有自己独特的文化传统和价值理念。由于自然、历史、人文环境、社会发展水平不同，奥林匹克教育价值观念也就不可能完全相同。奥林匹克教育价值的多元就是允许不同价值、不同形式的奥林匹克运动文化形态同时存在，尊重多元，涵容差异，和而不同。不同个体、不同民族、不同时代以及不同社会和国家根据不同需要和目的，对奥林匹克教育价值的不同利用，构成了奥林匹克运动的发展史。这也是奥林匹克教育价值不断拓展、延伸和衍生出新的教育价值的过程。在追求教育价值的过程中，不可避免地使奥林匹克的某些价值得到彰显和强化，使有的教育价值被削弱甚至被扭曲，这是人类社

① 张建华，等. 北京奥林匹克教育的可能遗产[J]. 教育科学研究，2007, 12:16.

会和奥林匹克教育价值始终不会以一种纯理想的形式演进的必然反映。随着百年奥林匹克运动的发展，奥林匹克教育价值的发展将更为全面、综合和细化。

1949年以来，奥林匹克运动在中国取得了长足发展。然而，我国体育界在关于人的全面发展的讨论中，有时也会缺乏符合自己特征的视角。20世纪60年代，把智力劳动与体力劳动相结合视为人的全面发展的本质特征，出现消灭脑力、体力劳动的区别，避谈人性或谈人色变。20世纪80年代，出现了多维体育观、终身体育观、真义体育观等提法，这些观点依赖于对体育自身不断扩大的功能进行的主观价值判断，偏离了马克思关于人的全面发展的真义。随着社会主义市场经济的建立，中国体育出现了繁荣景象，在专业竞技领域的政治、社会价值明显。在一定程度上，忽视了现实中的个体人。后北京奥运时期，奥林匹克运动的终极价值是人的价值，以此来提升国人的思想境界，自觉汲取民族传统中的宝贵营养，维护人的尊严和价值。

“人是一种有激情的存在物。激情、热情是人强烈追求以自己为对象的本质力量”，马克思关于人的全面发展学说反对人的片面畸形发展，批判对人的异化和强制，反对人的行动依赖于外界的物以及被预设的人之外的所谓价值追求所牵制，确立了以人为本的发展观。人的自由和全面发展是马克思为人类社会指明的崇高理想，为人们提供了普遍的价值标准和尺度。讨论奥林匹克教育价值问题应始终贯穿这一思想路线。在奥林匹克教育活动中，人的价值高于一切，人是发展的中心主体，人的全面发展是最重要的。

无论这个过程如何曲折漫长，奥林匹克教育价值最终都将在更高的阶段上实现全人类的全面发展这一终极价值目标，让每个人能够充分自由地享有体育，拥有体育权利，最终提高个人的生活质量。

（四）奥林匹克教育价值的生成载体

1. 运动与运动技能

运动与运动技能是奥林匹克教育价值生成的必要载体。运动在英语中没有固定的词义，一般包含娱乐、消遣、游戏、玩耍、户外活动、比赛等。目前，对运动概念的界定有广义和狭义之分，广义的运动包含两个基本要素：娱乐；比赛。其中，运动的高级形式——竞技（Athleties或Elitesport），它的本质属性应该是身体运动文化。狭义的运动是指人通过各种身体活动，对身心的生物化改造过程，其本质功能是娱乐、消遣和健身。其衍生出来的社会功能包含了文化、教育、政治和经济等诸多方面，说明运动在人类社会生活中的重要性①，也是奥林匹克教育的载体和最基本要素。

奥林匹克教育外延的延伸，根据诺勒（R.Naul）提出奥林匹克教育的四阶段的概念，运动技能是奥林匹克教育中的初级阶段。②“运动技能是高规格的动作表现，其本质是获取运动的方法和步骤，其意义在于个体获得运动技术的精确性和定时性。其过程分为认知、尝试、发现原理、反复联系、自动化五个阶段”③。“运动技能形成过程的先后程序由接受信息——形成动作表象——建立动作程序、发出指令——完成动作、反馈调整三个环节构成”④。“运动技能的本质是概念和规则对人的行为控制，其操作的流畅与时空的精确反映了这些行为表现的内部组织程度”⑤。

在奥林匹克教育中，运动技能不是先天固有的，而是个体通过后天学习而获得的，是知觉、动作、练习共同构成的一个完整的三维体系。在教学中，无论学习何种运动技能，都要伴随着学习主体（学

① 王健. 运动技能与体育教学[D]. 福州:福建师范大学, 2004:20-25.

② 克斯塔斯·吉奥吉阿迪斯. 奥林匹克教育的理论框架研究[J]. 体育文化导刊, 2007, 2:69.

③ JOSEPH S R, SALLY M R. The school wide enrichment education excellence[M]. 华华, 等, 译. 上海:华东师范大学出版社，2001：29-59.

④ FITTS P M. Human performance. Monterey. Calif.: Brooks, 1967:82.

⑤ GAGNE R M, BRIGGS L J. Principles of instructions. NewYork:Holt and Winston, 1979:67-72.

生）的感知和外显动作的不断改进，反复练习才能形成技能，进而达到强健体魄、愉悦身心、追求美感的目的。在这个过程中，运动技术的合理性和有效性会随着运动项目本身的发展、规则的变化、场地器材的更新，以及练习者运动能力的提高而发生变化。运动技能是完成动作的能力，分为低、中、高三个层次。运动技能的核心是运动技术，基础是运动能力，运动技能是运动技术与运动能力的有机结合和综合表现。

在基础体育教育中，奥林匹克教育离不开运动、运动技能这些基本条件。离开了运动和运动技能，何谈运动行为？运动学习（Motor Leoing）、运动控制（Motor Control）和运动发展（Motor Development）三个分支学科，也就更无从谈起，势必影响奥林匹克运动的参与精神。

2. 竞赛

竞赛也是奥林匹克教育的载体之一。竞赛不同于劳动和生活中的一般活动，竞赛的身体运动是一种人为的设计，来自于生产劳动和社会生活，在提炼和升华中，具有人类自身特点的活动。这类活动以人所表现出的运动能力为标准，标准不断提高，刺激活动者在自我完善和整体活动能力发展方面不断努力。竞赛不是针对于发现人以外的某种东西，而是针对于实际，揭示人本身活动能力的可能性，在越来越高的水平上实现身体活动的可能性。竞赛是人类有组织可比性行为的缩影和演练场。竞赛以特有的比较竞争为内核，通过竞争者强烈获胜欲望的实践，建立高于对方的优势并使这种优势不断地突破，促进人类不断进取、挑战极限和超越自我的发展意识。竞赛以近乎人体极限的身体活动，充分挖掘人体的潜能，不断提高人体的运动能力，实现人类自身改造的发展需要。①

竞赛是体育领域里有代表性、特别有活力的组成部分。竞赛有竞争、集群、规范、公开、公平、观赏、功利等特性。人在竞赛中显示本领，较量实力，决战胜负。在竞赛中欣赏技艺，观战搏击，并会亲聚

① 颜天民. 论运动竞赛的功能与特点[J]. 体育文化导刊, 2004, 7:27.

友，社会交流。竞赛的组织举办者开展广泛的文化及商业活动，树立并宣传人生龙活虎、积极向上的形象，各种类型、各种规模的运动竞赛在各类学校日益活跃地开展起来。

在学校，学生们在裁判员的主持下，按统一的规则要求，组织与实施学生个体或运动队之间的较量。学生通过训练，不断提高竞技水平，并通过竞赛形式展现出来。运动竞赛的参与者力求最大限度地发挥自己的潜能去战胜对手，证明自己的能力，得到自己、他人和社会的承认。①

奥林匹克教育通过竞技形式具体反映出来。这种竞技形式不只是为了奖牌进行体力和体能的较量，同时具有奥林匹克教育的功能，作为竞技体育最高形式的奥林匹克运动最具有代表性。不论成败与否，竞赛本身只是手段，不是目的。通过体育运动，每个人发现了自己的潜能，获得了更多生存和发展的能力，在不断提升和完善自我的过程中，实现了人全面、自由、和谐的发展，进而推动社会进步，有利于社会和平，这才是体育孜孜以求的终极目的（见图2.1）。②竞赛具有实现主体终极需要的价值。运动竞赛具有工具价值，竞赛所体现的工具价值具有综合性，重点表现在政治价值、经济价值、教育价值、精神价值、文化价值等方面。③

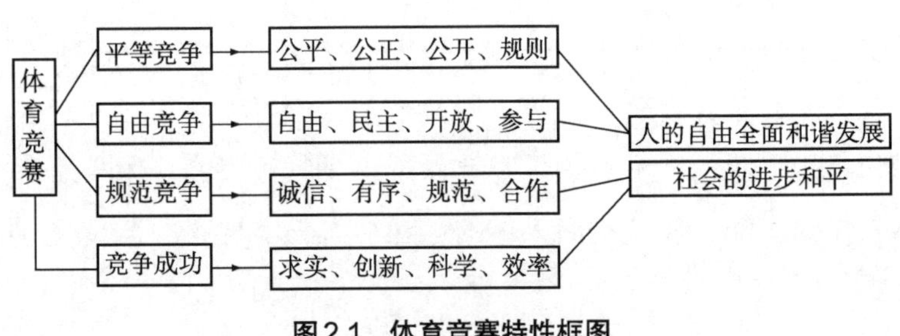

图2.1　体育竞赛特性框图

① 田麦久. 运动训练学[M]. 北京:高等教育出版社, 2006:2-8.

② 黄莉. 体育精神的文化内涵与价值建构[J]. 体育科学, 2007, 6:95.

③ 颜天民, 何荣. 论运动竞赛的奥林匹克教育价值[J]. 北京体育大学学报, 2004, 9:123.

3. 教学

体育教学，是指学校教育中学生在教师有目的、有计划、有组织的指导下得以积极主动地掌握技术技能、增进身心健康、提高身体活动能力以及自然或社会环境适应能力、养成良好思想品德、促进其个性发展的教育过程。①

体育教学作为学校奥林匹克教育教学的有机组成部分和具有鲜明特征的教学过程，既是学校体育的重要组成部分，又是实现学校体育目标的基本组织形式。着重强调教学的双边性、教育性和技能传习，身体直接参与、体力与智力相结合，身体承受一定运动负荷成为体育教学的主要特点。

体育教学过程涵盖整个体育显性课程、隐性课程教学。体育教学是人类特有的一种文化活动，体育教学的存在和发展与人的存在与发展有密不可分的联系。在古希腊，体育教学作为一种非常重要的育人方式，不仅是一种身体的运动形式，而且人们信仰的奥林匹克教育价值归属方式，承载着继承、传递城邦传统与价值、培养护卫者、争取城邦荣誉等使命。

随着人类社会的快速发展，体育教学的功能和作用也发生了巨大变化。作为塑造个人体格、人格的一种手段，体育教学在奥林匹克教育中的功能逐渐异化。教学中有偏重追求技术技能、过分强调动作形态，挖掘人的生物潜能，以运动成绩衡量体育教学，致使体育教学在发展过程中出现僵化，限制了学生的全面和谐发展。②

4. 训练

为了提高运动员的竞技能力和运动成绩，在教练员的指导下，专门组织有计划的体育训练。训练既是学校体育的重要组成部分，也是实现运动目标最重要的途径。

学校体育课余训练肩负着“发现和培养优秀后备人才，提高学生

① 龚正伟. 体育教学论[M]. 北京:北京体育大学出版社, 2004:20.

② 姜志明. 中国体育教学的文化反思[D]. 北京:北京体育大学, 2009:20.

运动技术水平，为学生将来走向社会，坚持终身体育打下良好的基础”的责任。早在20世纪70年代初，我国体育工作会议就提出“从小培养，打好基础，系统训练，积极提高”的方针。1990年，国务院正式颁布《学校体育工作条例》，肯定了课余体育训练是学校体育中的组成部分。20世纪70年代末，中小学课余体育训练呈多层次、多形式、多渠道并存的局面，包括青少年业余体育训练的初级形式（基层学校运动队、传统体育项目学校、体育特长班）和中间层次（体育中学、体育俱乐部）。建国60年以来，中小学体育课余训练为我国体育事业的发展作出了巨大贡献。[①]课余训练作为教育的良好形式，其过程对于修炼人生具有不可替代的作用，对于培养一个人的竞争、勇敢、果断、顽强、拼搏等优良品质、促进人的社会化有重要意义。

5. 媒体

媒体是奥林匹克教育必不可少的载体。著名传播学家麦克鲁汉有句名言：“媒介即讯息。”媒体不仅改变着人的感官生活，也深深改变着人的知识结构，同时也展示和改变着每个时代的体育特质。媒体缩短了人与人之间的思想距离，消除彼此隔阂，促成了一个具有民主化、工业化、社会化、都市化、流动化、大众化等特征的开放性的现代社会体育。

回顾奥林匹克运动的发展历史。在20世纪，除少数人现场观看外，大部分人要通过电视、广播、报纸、杂志、互联网等主要传媒渠道来了解奥林匹克信息，普及奥林匹克知识，扩大奥林匹克影响。尤其使全球几十亿观众同步广泛参与，更离不开传媒的力量。大众媒介在整个奥林匹克教育传播的过程中起着至关重要的作用。应该说，媒体是传达信息的工具，没有媒介的支持，就没有如今奥林匹克运动的蓬勃发展。[②]

媒体凭借其强大的科技手段与技术优势，将奥林匹克运动及其精

① 夏菊锋. 上海中小学学校体育课余训练的发展回顾与展望[J]. 体育科研, 2009, 5:96.

② 吴莎. 后奥运我国体育传媒的现状与趋势研究[D]. 武汉:武汉体育学院, 2009:1–3.

神、信仰、理想、价值传遍全世界，带来最高的普及率，具有强烈的现场感、空间感和真实感。运动技艺的惊险性、比赛的对抗性、战术配合的准确性、稍纵即逝的偶然性，时间速度的节奏性、音响画面的艺术性，使人们欣赏到一种精彩超群的流动技术，极大地满足了精神需求。人们不断领略奥林匹克教育的迷人魅力，同时也有力推动了奥林匹克运动的发展。以奥运会为中心进行的一系列的传播奥林匹克的教育活动，使普通大众观看比赛、了解体育、欣赏体育。奥林匹克竞技与大众传播不仅使个体结合成社会，而且具有扩大的作用。不但可以展示各种文化活动和举办国的风土人情，使人们更全面、形象地了解奥林匹克精神和奥林匹克文化的内涵，使之逐步走向国际化，从而迅速扩大奥林匹克运动的国际影响力。

媒体的高覆盖率和收视率使其拥有强大的监督功能。它不断向全世界披露有关兴奋剂、违禁药品、裁判员、运动员及奥委会官员的幕后活动，使奥运会的透明度不断提高，从而有助于维护奥林匹克运动的纯洁性，促进奥林匹克教育价值的深入发展。[①]

① 钟莉莉. 奥运会与电视媒体的互动发展研究[J]. 广州体育学院学报, 2007, 2:20-23.

第三章　我国中小学奥林匹克教育的现状

一、现状分析

（一）学生体质健康状况堪忧

改革开放以来，我国学校体育教育工作取得了长足发展。1979年至今，我国开展了6次大规模的青少年学生体质健康状况调查，它翔实地记载了我国青少年学生体质健康发展变化的历程。青少年学生体质健康调查，大约每5年进行一次，可以反映我国青少年学生体质健康的变化发展趋势。近30年的体质健康调查结果显示，我国青少年学生体质健康水平有了明显改善。2005年学生体质与健康调研结果显示，学生形态发育水平继续提高，营养状况继续改善，一些反映学生营养水平的指标呈逐年上升趋势。一些反映机能和体能水平的指标，如肺活量、握力、耐力等，却呈现出逐年持续下降的趋势。学生肺活量水平和体能素质呈继续下降趋势。其中体能素质中的速度、爆发力、力量素质连续10年下降；耐力素质水平连续20年下降；青少年学生中超重和肥胖学生的比例迅速增加，城市男生达24%；视力不良率仍居高不下。在2005年高考招生中，有85%的考生专业选择受限，在2005年和2006年的征兵工作中，63.78%的高中生因体检不合格而被淘汰。①

（二）学生对体育课的满意度

在学校体育教育中，体育课是学生在校期间最主要的健身活动时

① 刘梅英，田雨普，周丽萍. 体育强国视域下我国群众体育发展对策探索[J]. 武汉体育学院学报，2009，7:9.

间，因此体育课堂教学的丰富性、趣味性、实效性对于学生健身运动习惯的养成是非常重要的。[①]出于对中小学体育教育现状的考虑，设计了“您喜欢体育课吗”“您对体育课满意吗”“您认为现行的体育授课方式和内容如何”等问题，调查显示：学生中有22%的人喜欢目前的体育课，30.3%的人不喜欢，19.1%的人认为体育课内容不够丰富，28.4%的认为形式过于简单（见表3.1）。总的来看，学生对现有的体育课不太满意。因此，调整和改革现行体育课的授课内容和形式是有必要的。

表3.1　学生对体育课的满意度（n=490）

	小学人数（%）	初中人数（%）	高中人数（%）	总计人数（%）
喜欢	80（16.3）	15（13）	13（2.7）	108（22）
不喜欢	3（0.6）	70（14.2）	75（9.2）	148（30.3）
内容不丰富	29（5.9）	30（11.8）	35（13.3）	94（19.1）
形式简单	51（10.4）	48（19.8）	40（8.2）	139（28.4）

二、奥林匹克教育融入教育的情况

（一）融入教育教学体系概况

调查结果显示，目前中小学几乎没有把奥林匹克教育课程纳入到体育教学体系之中。被调查的三个层次的中小学体育教育现状中，除了一所奥林匹克教育示范学校外，其余学校开设奥林匹克课程的很少，开设的比例只占2.2%，说明奥林匹克融入中小学体育教育的工作还有很长的路要走（见表3.2）。据回收的教师问卷及现场对学校教育行政人员的访谈中得知，未开设奥林匹克教育课程的主要原因有以下四点：第一，学校领导对奥林匹克教育不够重视；第二，教师奥林匹克知识的缺乏，没有能力开展这样的活动；第三，上级教育部门没有文件规定各级中小学开设奥林匹克教育课程，既没有课程制度保障，也没有行政政策支持；第四，奥林匹克教育教材的缺乏。尽管北京奥运会期间，由于当时需

① 骆海燕. 奥林匹克文化在湖北省高校中传播的现状分析及对策研究[D]. 武汉:武汉体育学院, 2006:25.

要，出版了一定数量的不同层次的中小学的奥林匹克教育读本，但与中小学生的体育教育需求相比，数量还是偏少，质量还需进一步提升。

表3.2　奥林匹克教育融入体育教学现状

选项	百分比（%）
开设奥林匹克课程	2.2
未开设奥林匹克课程	97.8

（二）奥林匹克知识的认知概况

为掌握学生对“奥林匹克知识”的了解情况，我们设计了以下问题：奥运会的格言是什么？奥林匹克精神和奥林匹克运动的核心是什么？

调查结果显示（见表3.3）：①学生对奥林匹克运动的格言是“更快、更高、更强”的答对率最高，达到41.2%，其中奥林匹克教育示范学校的答对率要远远高于一般学校和农村学校的总和，达78.6%。②对奥林匹克精神“和平、友谊、进步”的答对率较低，为3.6%。③对奥林匹克运动的核心是教育的答对率最低，仅为3%。这一调查结果充分说明中小学生对奥林匹克知识的了解程度是比较低的，对奥林匹克运动核心价值的了解还处在一个较低的水平。从答题正确率来看，随着年级的增长，高中学生的答题正确率最高，其中奥林匹克格言的正确率达到39.6%。对奥林匹克运动的核心是教育的理解，小学生和初中生的答对率都为0，而高中生对此问题的解答正确率也仅为0.3%，情况不容乐观。

表3.3　受教育者对奥林匹克知识的认知情况（n=490）

选项	小学生答对率（%）	初中生答对率（%）	高中生答对率（%）	总计人数（%）
奥林匹克格言	28.2	32.2	39.6	41.2
奥林匹克精神	6.3	7.7	14.5	3.6
奥林匹克运动的核心	0	0	0.3	3

（三）奥林匹克教育内容和活动概况

奥林匹克教育内容和活动非常丰富，作为教育者用来作用于受教育者的具体内容，在奥林匹克教育中居于非常重要的地位。在中小学体育教育工作中，奥林匹克教育主要内容有：奥林匹克知识、奥林匹克活动、奥林匹克精神和奥林匹克教育价值观。奥林匹克知识指向学生介绍奥林匹克运动的历史、奥林匹克运动的思想体系、奥林匹克运动的组织体系等。奥林匹克活动指一些具有创造性的，一些具有视觉冲击的文化活动，如体育竞赛、音乐、戏剧、舞蹈、绘画、雕塑、素描等。[①]奥林匹克精神和奥林匹克教育价值观指学生对团结、竞争、友谊、和平价值的理解和对现实生活的融合。[②]中小学体育教育工作中，15%的学生获得奥林匹克知识，6%的学生参与了奥林匹克活动，被调研的学生中有5.5%的人了解并体验了奥林匹克精神，4.5%的学生对奥林匹克教育价值观有所理解（见表3.4）。调查表明，中小学已初步涉及奥林匹克知识、奥林匹克活动、奥林匹克精神和奥林匹克教育价值观的教育。但只有较少部分的学生关注和参与奥林匹克教育内容，其中对奥林匹克运动核心价值的传授还很欠缺，离普及还有很远的距离。

表3.4　奥林匹克教育内容概况（n=490）

选　项	百分比（%）
奥林匹克知识	15
奥林匹克活动	6.0
奥林匹克精神	5.5
奥林匹克教育价值观	4.5

学校奥林匹克教育活动可以有多种形式，如：讲座、报告、知识竞赛、演讲、辩论会、奥运冠军进校园、体育竞赛等。对于多数学生来说，体育竞赛是得到广大学生认可和体现奥林匹克精神的活动形式之

① 克斯塔斯・吉奥吉阿迪斯. 奥林匹克教育的理论框架研究[J]. 体育文化导刊, 2007, 2:69.

② 郭瑞华. 北京高校奥林匹克教育现状研究[D]. 北京:北京体育大学, 2006:22.

一，达到50.2%，其他诸如奥林匹克讲座、报告占17.3%，奥林匹克知识竞赛达13.3%，奥林匹克演讲活动占6.9%，奥林匹克主题辩论会占4.7%，奥运冠军进校园活动占7.1%（见表3.5）。调研结果说明，从教育的地域来看，城市学校奥林匹克教育活动的开展状况明显好于农村学校。农村学校几乎没有围绕奥林匹克教育的奥运冠军进校园、演讲、辩论会、讲座、报告等校园文化活动，教学形式较为单一；从教育形式来看，奥林匹克的教育形式已在中小学体育活动中以不同形式存在着。

表3.5 学校组织奥林匹克教育活动概况（n=490）

选项	人数	百分比（%）
讲座、报告	85	17.3
知识竞赛	65	13.3
演讲	34	6.9
辩论会	23	4.7
奥运冠军进校园	35	7.1
体育竞赛	246	50.2

（四）奥林匹克教育途径概况

学校体育教育是学生获得系统的、完整的奥林匹克知识的重要途径。由表3.6可以看出，学校作为奥林匹克教育的主要场所，在传播奥林匹克知识、精神和教育价值等方面发挥着重要作用。调查结果显示，有81名学生是通过体育实践课获得奥林匹克知识的，所占比例为16.5%；有20名学生是通过体育理论课获得奥林匹克知识的，所占比例为4.1%；有110名学生是通过墙报、宣传栏获得奥林匹克知识，所占比例为22.4%；通过讲座、知识竞赛等活动获得奥林匹克知识的学生62人，所占比例为12.7%；而通过德育课、班会课获得奥林匹克知识的学生仅为3.5%和6.9%，说明目前缺乏有效的奥林匹克教育途径。这也是导致当前中小学生对奥林匹克知识掌握不够全面、对奥林匹克精神等问题尚未理解的根本原因。[①]

表3.6 学校奥林匹克教育途经概况 (n=490)

选项	选择人数	百分比(%)
体育实践课	81	16.5
体育理论课	20	4.1
德育课	17	3.5
校园活动	62	12.7
班会	34	6.9
课间5—10分钟广播	120	24.5
板报、宣传栏	110	22.4
其他	15	3

(五)奥林匹克教育者概况

体育教师是体育教育活动中的关键和主导，承担着传递奥林匹克知识和文化的重任，是奥林匹克教育过程中非常重要的因素。目前在中小学中，一些体育教师，特别是小学体育老师、农村体育教师很少接受奥林匹克理论的系统学习，他们更多地将视野集中在奥林匹克运动的活动体系中（如：奥运会、奥运会的比赛项目，金牌，体育健儿在奥运会上取得的成绩），而对具有丰富内涵的奥林匹克思想价值并没有深刻的领悟和全面理解。据表3.7统计，中小学体育教师自身对奥林匹克知识的理解达一般以上理解程度的占63.6%，其中非常理解的达22.4%。对奥林匹克知识非常了解的是一些体育工作的领导人员以及一些奥林匹克教育示范学校的老师。体育教师奥林匹克知识的缺乏客观上给体育教师开展奥林匹克教育的传播带来了实际困难。体育教师参加工作后，参加奥林匹克教育培训的机会很少，仅达3.6%。由于以上原因，致使体育教师向学生传播奥林匹克知识和奥林匹克教育价值观念的分别是9.4%和8.3%，说明奥林匹克教育的核心教育理念的传播和发展受到较

① 郭瑞华. 北京高校奥林匹克教育现状研究[D]. 北京:北京体育大学, 2006:35.

大影响。

表3.7 奥林匹克运动教育者的情况（$n=58$）

选　项	百分比（%）
奥林匹克知识了解达一般以上程度	63.6
参加奥林匹克教育培训情况	3.6
向学生传播奥林匹克知识	9.4
向学生传播奥林匹克教育价值观念	8.3

（六）奥林匹克教育受教育者概况

中小学生对学校是否开设奥林匹克教育课程所持的态度，从表3.8统计结果显示，72%的学生对开设奥林匹克教育课程持积极的态度。这些学生认为，从学校获取系统的奥林匹克知识，不仅能增进对奥林匹克知识的了解，还能通过奥林匹克活动增强自信心、培养竞争精神、增强团结协作的集体主义意识、丰富人的情感体验。9%的学生认为没必要开设奥林匹克教育课程，与学生的谈话及与体育老师的交谈中得知，这类学生大部分觉得学习压力很大，缺乏对体育的兴趣，认为升学考试才是最重要的。因此，如何转变第二类学生的学习态度，培养他们对体育的兴趣，是学校和体育老师需要共同面对和解决的问题。[①]

表3.8 学生对开设奥林匹克教育课程的态度（$n=490$）

选项	人数	百分比（%）
应该开	353	72
无所谓	93	19
没必要开	44	9
总计	490	100

① 王卓. 北京市中学开展奥林匹克教育的调查[D]. 北京:北京体育大学, 2007:27.

三、影响奥林匹克教育价值的主要因素分析

（一）学校体育在教育中的尴尬地位

中小学体育是我国教育的重要组成部分，是国民体育的基础，是培养人才的根基。我国不同时期的教育方针都把体育列在重要位置，在任何发展阶段，都没有忽视体育在整个教育中的作用。2006年12月23日，由教育部联合国家体育总局召开了新中国成立以来第一次全国学校体育工作会议，提出把学校体育工作作为全面推进素质教育的重要突破口和主要工作方面。国务委员陈至立特别强调了青少年健康素质的重要性，指出青少年的健康是国家与民族的未来。“健康第一”是青少年德智体美等方面全面发展的重要基础和基石。①

我国学校体育教育历史悠久，由于受历代“重文轻武”传统文化思想的影响，致使目前社会上轻视体育的现象仍然存在。从体育教育的现状来看，体育教学在学校体育教育中有一普遍现象：中小学生对体育课普遍比较喜欢，但大部分学生对体育课的满意度较低。据调查显示：93%的学生喜爱体育运动，但同时也有30.3%的学生对现有的体育教学情况不满意。②有些地方不惜牺牲学生长期健康成长来换取一时考分提高的错误现象还大量存在，特别是在农村地区和欠发达地区。体育教学的尴尬地位本质上反映了人们对体育在学校教育中的认同危机。由于受应试教育的影响，我国学校体育受到一定程度的冲击，在教学上表现为：体育课课时不足，管理不系统、不科学，体育师资力量不足，学校体育场地器材设施匮乏，体育经费投入不足等。

但是，最主要的是人们的错误观念：“智育重要、德育次要、体育可要可不要。”学校体育教育，在学校教育的众多科目之中，处于被轻视的地位，应试教育现象还是较普遍。纵观中小学体育教育，体育课被占用的事件时有发生，学生以及学生家长更加注重的是其他一些主科课

① 顾民. 学校体育在教育中的地位与作用[J]. 体育文化导刊, 2008, 7:88-89.

② 体育课为什么让人喜欢不起来？[N].中国体育报, 2000-11-11(6).

程的分数，体育在学校教育中始终处于尴尬地位。一些学校到升学考试前就不再开设体育课，因为体育课程的实然地位，使得学生、家长并不关注或者说并不普遍关注体育学科的发展，学生的学习积极性也不是特别高。在一些学校里，体育课被其他学科挤占的现象已屡见不鲜，课外体育活动也不过是课程表中的一种摆设，这种状况似乎愈演愈烈[①]，应引起高度重视。

（二）奥林匹克教育在教育中的边缘地位

奥林匹克教育本质上是人学，是关怀人、关注人的生命全面和谐发展的教育，在实践操作过程中又有非常浓烈的思想文化内涵。100多年前，创始人顾拜旦就提出，将人的全面发展作为教育的宗旨，有着先进的和崇高的教育理想，这一教育理想的提出，对教育和学校体育教育都具有很强的教育价值。奥林匹克教育不仅仅继承和充实了人文主义精神，恢复了人的尊严，倡导体育要培养人的精神和品质，要为人的和谐发展服务。而且将以人为本引入到体育领域，不仅影响了学校体育功能的发展，还将影响学生的核心价值观的树立，有利于中小学生的终身体育意识的形成，促进广大中小学生对体育教育的喜爱。奥林匹克教育功能是全方位的，奥林匹克主义、奥林匹克精神、奥林匹克宗旨、奥林匹克理想都给广大青少年学生以启迪和鼓舞。广泛地开展奥林匹克教育活动，不但可以有效地增强体质，促进健康，还可以磨炼人的意志，升华对人自身的认识。[②]当前的中小学体育教育虽然有先进的教育理念作指导，但体质教学论、技术和技能教学论在体育教育实践中还是占有相当大的比重[③]，体育教育实践似乎还处于培养人全面发展的浅表层次，还没有或者还很少关注体育教学对中小学生个体的内核价值观层次。

奥林匹克教育的开展，无疑为中小学体育教育文化内涵层次提升了

① 王羽. 生命中不能承受之轻——生命教育视阈下我国学校体育地位的反思[J]. 武汉体育学院学报, 2008, 2:94.

② 姜之明. 中国体育教学的文化反思[D]. 北京:北京体育大学, 2009:95–98.

③ 马宁. 重新审视课外体育锻炼在学校体育中的地位[J]. 体育学刊, 2006, 1:138.

巨大空间。不仅可以丰富学校体育的教学内容、教学形式、教学活动，还将深深关注学生的内心世界，发展人的意志力、想象力、创造力等各种精神力量，使人身心协调发展，促进学校体育文化的生机勃勃。然而从调研资料显示，在现实的学校体育教育中，与奥林匹克教育相关的思想、内容、活动、教学却较少，处于一种边缘地位。在一些农村学校几乎没有，不能不说是一种缺憾。

（三）体育教师奥林匹克文化素养的缺乏

德国教育家第斯多惠曾说过："教师本人就是学校里最重要的师表，是直观教育最有效益的模范，是学生最活生生的榜样。"[①]从一定意义上来讲，体育教师的奥林匹克教育水平和素质直接决定着奥林匹克的教育质量和效果。

当前，体育教师的奥林匹克文化素养普遍缺乏。首先，对于初步接触奥林匹克知识的体育教师，他们更多的是将注意力集中在奥林匹克运动体系中（即竞技运动或改进后的竞技运动）的教学与训练，而对具有丰富人文内涵的奥林匹克思想体系普遍缺少深刻的认识与理解，客观上给体育教师开展奥林匹克教育活动带来了较大的困难。其次，中小学体育教师中只有一部分体育教师接受过奥林匹克教育的专业培训，其中大部分是领导干部，普通教师参与培训的机会较少。造成了体育学科的教授内容与奥林匹克教育内容之间的融合不够紧密。另外，大多数中小学体育教师获得奥林匹克知识的来源，除了一部分人年轻教师在求学期间上过《奥林匹克学》课程之外，其他大部分是通过报刊、网络、电视、广播等媒体的相关报道获得奥林匹克知识。虽然一定程度上关注了体育文化中的新闻事件和热点人物，能够在一定程度上引起师生的共鸣和兴趣，但是这些零星的"材料"毕竟很难真正诠释奥林匹克运动的真谛和内涵。这也将导致广大师生对奥林匹克运动产生"只见树木不见树林"的错觉。

① 宋翔. 北京市特殊教育学校（聋校）奥林匹克教育的现状调查及对策研究[D]. 北京:北京体育大学, 2008:36.

（四）中小学奥林匹克教材的稀缺

奥林匹克教育活动是一项系统工程，奥林匹克教材建设是开展奥林匹克教育必不可少的重要环节之一。从20世纪70年代末我国重返奥林匹克大家庭开始，奥林匹克教育在我国学校教育中呈现出喜人的景象。奥林匹克运动经过长期发展，出版了大量著作，但正式的奥林匹克运动教材一直没有正式出版。直到1993年出版了《奥林匹克运动》体育学院教材，开始了奥林匹克教材体系科学化的先河。同年，为小学生编写的《奥林匹克故事》和为中学生编写的《奥林匹克知识》正式出版，填补了长期以来我国奥林匹克教材的空白。1999年，全国高等师范院校系统编写出版了《奥林匹克学》，并在全国高等师范院校中开设了奥林匹克课程。2004年，北京奥组委编写并出版了《中学生奥林匹克知识读本》，详细介绍了奥林匹克运动中的人物和事件，系统地介绍了奥林匹克的基本知识，生动地阐明了奥林匹克的精神实质。

20世纪90年代后，虽然我国奥林匹克出版物逐渐增多，但无论在数量上，还是在种类上都显得十分不足。主要问题是：①总的数量少，表现形式单一；②以面向中学生的纸质教材为主，其教学内容的趣味性和可读性还需加强；③教学方法单一，缺少合作、探究式等学习方式，与新课程改革思想不相协调，影响学生对体育的学习兴趣和知识的可接受性。目前出版的一些奥林匹克教材体系较单一，增加了学生的学习负担，降低了学生的学习兴趣，不利于奥林匹克教育价值的传播。[①]

四、中小学体育教育中奥林匹克教育价值的缺失

（一）生命人教育的不突出

生命是短暂的，也是不可逆的，生命对于我们只有一次。在历史的长河中，每一个生命都以其唯一性、不可复制性显得无比宝贵。正因如

① 韩桂凤，杨铁黎. 我国奥林匹克立体化教材体系建设的理论基础[J]. 首都体育学院学报，2008, 4:30-31.

此，我们才应愈加珍爱。珍爱生命是珍爱一切的基础，也是生命教育的根基所在。

奥林匹克教育过程强调借助呐喊、大笑、欢呼、甚至痛哭流涕等真情迸发的形式显示出虎虎生气的生命，抒发生命的活力和奔放的激情。通过青春、运动、健壮、活泼、开朗、健康、性感、生动、姿态优美、服饰艳丽，显出生命健壮的色泽和力量。奥林匹克教育相较其他学科的教学而言，其生命特征更明显、更突出。学校体育教育所要做的就是通过最具体的体育实践活动唤醒生命、激扬生命，引导学生去展示生命的力量。

学校体育教育应重视生命、强调生命活力。每个人都是独特而不可重复的主体，人的生命意义应得到尊重，他的价值和潜能应得到展现。体育是以身体运动作为手段来实现生命的创造，追求生命的完美存在。在奋斗拼搏中，展现人类生命力的旺盛与永不衰竭，拼搏和奋斗的最终结果是人超越了自我，实现了自我价值和潜能，发展和完善自我，从而使主体深感成功的快乐与自豪。

然而在学校体育教育实践中，学校体育教育对完整生命人的教育并不突出。从学科地位上看，学校体育属于教育的范畴，但学校体育在教育中的地位令人尴尬，轻视体育课程的实然地位是一个传统性缺陷。从教育目的上看，由于体育教育目的执行中的工具化倾向，导致对培养学生的异化。在现实学校教育中，社会总是要求个人向符合社会发展的方向发展，忽略对学生心灵成长和生命意义的教育。把教体育知识看作是目的，错把体育教育活动中不可缺少的“手段”“养料”以及被使用的“物”都当成了目的，是体育教育异化的突出表现。本作为检测手段的体育考试反客为主，因为它是升学、就业、改变命运的关键环节。从教学内容来看，程式化、成人化的体育教学内容无法使广大青少年学生体验生命的快乐，无法激活学生的生命活力。学生在游戏、活动和玩要中学习的时候本应该是最快乐的，竞技化的教学内容无法促进学生生命的健康发展，一些学生在体育学习中并不能体验到这种快乐。从教学方法上看，遮蔽了学生对自我生命的认识，关注的只是教师的“教”而轻视学生的“学”，忽视了学生的经验和感受，忘记了我们面对的是一个个鲜活的生命……[①]

在奥林匹克运动全球化的背景下，奥林匹克运动的理念、组织已经被绝大多数国家和各阶层的人们所认同。奥林匹克运动已是当今全球一种具有相同理念、相同形式、相同规则、相同术语、相同风格的文化形式。奥林匹克运动使整个世界融合成一个大家庭，各国、各民族的体育运动形式可能不同，但不论是东方的气功、武术，还是西方体育运动项目，其教育方向都是指向人体自身，都是在强调强壮体魄这一客观效能的总旗帜下各自完善自己的目标。[②]

中小学体育教育与现代奥林匹克教育都非常强调培养和谐发展的人，这也是奥林匹克教育与中小学体育教育的共同着力点。奥林匹克教育价值传播的是一种强化人与人之间的相互尊重、友好、公平、追求卓越的思想内核。对于中小学体育教育来说，虽然具有多重目标，育人却是其本质目标，包括育体与育心两个方面。其他目标都应归属或服务于这一本质目标。[③]在新体育课程改革背景下，在育人过程中，从体育哲学来看，我们应尽量避免学校体育教育中的身心二元观、学科主义、知识主义等思想倾向，保有以人为本的教育理念，大力提倡包括生理、心理、社会适应在内的三维体育观，追求的不仅是学生体质的增强，体育知识和技能的掌握，还要促进学生的心理、道德、社会适应能力的发展。从体育教育价值观来说，要摒弃体育教育过程中的手段论、社会本位论的片面思想，体育教师要不断强化体育教育中的育人目标，突出学生的主体地位，不但传授中小学生体育知识、技术、技能，而且强调对中小学生心理、情感、道德、精神的培养，充分挖掘中小学生的最大潜力，有效促进人的智力发展，使中小学生全面发展成完整的、丰满的个体。

---

① 王羽. 体育教学世界的生命回归探索[D]. 长春:东北师范大学, 2007:44–57.

② 田珊. 体育运动与人的健康素质初探[J]. 体育与科学, 2003, 3:24.

③ 魏云贵, 谭明义. 学校体育的育人功能与优势[J]. 上海体育学院学报, 2001, 11:198.

（二）体育德育教育的不鲜明

自奥林匹克教育开展以来，澳大利亚国际理解中心主任舍瑞·汉森女士根据奥林匹克教育过程总结出了58个公民道德概念，如：果断、仁慈、诚实、尊严等，即奥林匹克参赛者在道德伦理方面的基本要求。若运动员不具备诚实守信的道德要求，如服用兴奋剂或冒名顶替，国际奥委会就会借助国际竞技规则中的有关规定，通过开除运动员参赛资格的方式来维护奥林匹克竞赛的道德信用和权威。即使赛后发现运动员有不诚实行为，也会毫不犹豫立即取消其比赛或冠军资格①，以确保体育竞赛是真正的公平竞争。

然而，在学校体育教育实践中，学校体育德育教育并不鲜明。在中小学体育教育中，包含竞争精神、规则意识、团队精神、责任感、意志品质等德育内容的教育。但由于社会道德环境的影响、教师思想认识上存在误区，学校体育教育德育目标实施不力。学校德育效果评价模糊等多种原因，使学校体育德育教育基本处于一个看不清、摸不着的状态。

学校体育德育教育的现状：①重视程度不够。学校领导、体育教师对体育教学中的道德教育目标认识不足、理解不够，甚至认为道德教育是个“软任务”。②目标较为泛化。受“社会本位”教育目的观的影响，体育教育中的道德教育目标的确立，往往忽视对中小学生个体道德品质的关注。以社会价值为本位的道德教育目标和以此衍生出来的道德教育目标体系，在体育教育实践中逐渐变成了一种空洞、抽象的口号。③内容相对空洞。政治思想教育、道德教育与体育教育的道德教育混为一谈，没有很好的细化和分化。④方法过于简单。只重“教”而不重“育”，只重道德而不重情感，有“唯理主义”倾向。在体育课上，同样存在“我讲你听”的单一道德灌输模式，并且，在体育教育中的道德教育方法过于简单化、陈旧、缺乏新意，忽视了广大

① 黄莉. 体育精神的文化内涵与价值建构[J]. 体育科学, 2007, 6:91-92.

学生的主体性作用。[①]

20世纪的哲学发展，在人类理性趋于多重格局的图景中，发生着一个很具普遍性的哲学转向，即人类理性向“生活世界”的回归。所谓“生活世界”或“日常生活世界”，按现象学的创始人胡塞尔的解释，即是“直觉地被给予的”“前科学的、直观的”“可经验的”人的存在领域。这一转向意义是深刻的，值得高度重视。[②]

2006年卫生部统计信息显示，我国30个城市和78个农村县死亡人原因统计公报表明，城市居民前十位死亡疾病包括：恶性肿瘤、脑血管病、心脏病、呼吸系病、损伤及中毒、内分泌营养和代谢疾病、消化系统疾病、泌尿生殖系统疾病、神经系统疾病、精神障碍疾病。前十位死因合占死亡总数的90.4%。仔细分析这些与个人生活方式相关的疾病，已构成人口健康的主要威胁。有效地应对这种威胁，须从源头抓起，正本清源的对策就是改善不良的生活方式。生活方式在很大程度与生活习惯有关，而青少年正处于生活习惯的塑造期。[③]

奥林匹克运动的核心目标之一就是提倡采用多种措施，引导建立健康的生活方式。从观念和实践层次来看，有两点值得借鉴：①树立以人为本、关爱生命、和谐发展的价值观念；②以体育参与为改善生活方式的切入点。改善青少年的生活方式，可以从不同的角度切入，采取不同的途径。[④]奥林匹克主义提供了人的行为规范，不仅有“更快、更高、更强”的著名格言激励青年在学习、生活、工作中不断克服困难，战胜自我，向新的人生高度挺进；而且以互相了解、友谊、团结、公平、竞争的奥林匹克精神，要求中小学生在社会生活中表现出良好的行为规范，从而使奥林匹克运动的教育作用表现得更为全面和深刻。[⑤]

走进体育教育的生活化目标，是指中小学体育的发展，须以生活世

---

① 杨小明. 体育教学中的道德教育研究[D]. 南京:南京师范大学, 2008:89-113.

② 王广虎. “生活世界”与社会体育的生活化[J]. 成都体育学院学报, 2000, 4:1-3.

③ http://www. moh. gov. cn/newshtml/18903. htm.

④ 王洁. 奥林匹克教育与生活方式的改善[J]. 体育文化导刊, 2007, 8:44.

⑤ 张婷. 奥林匹克与现代生活教育关系探讨[J]. 体育与科学, 2000, 9:9.

界为基础，关注人生的目的、意义和价值，标志中小学体育的发展以人为本的定位和以健康生活为目的的定向。中小学生正处于良好生活习惯形成的源头，随着社会的进步和经济的发展，中小学体育教育应满足学生的现代生活方式的需要，凸现体育运动增进“生命健康质量”的需求，促进养成良好的终身体育的生活方式。①

当前，“千人一面”的生活方式的绝对统一已不复存在，生活方式的多元化已初露端倪。②在中小学体育教育中，体育教师应加强学生主体体育意识的培养，紧紧抓住体育过程体验、具有较强生活情趣的“生存—享受—发展”的模式不放，使中小学体育教育的驱动力源于学生内在的生活需要。③

享受体育，享受更深刻地体验生存的价值和生命的意义，从而激发中小学生热爱体育、珍惜生活、创造生活的人生追求和情结，使中小学生产生一种强烈的归属感，使学校体育获得广泛的社会认同。只有学校体育教育才能获得可持续发展的社会动力和自激互动的内在活力。只有使学校体育教育发展具有普遍的生活化意义，体现为一种健康文明的生活方式，使经常性的体育行为成为人们生活的基本内容和习以为常的生活习惯，才可能使体育成为全民的和终身的活动。

（三）体育精神教育的不明显

体育精神——是指人们在体育实践活动中形成的，以健康快乐、挑战极限、克服困苦、公平竞争、团结协作为主要价值标准的意识、思维活动和心理状态。体育精神形成并发展于体育运动之中，体育是体育精神的有效载体。体育精神主要由人本精神、英雄主义精神、公平竞争精神、团队精神4大要素构成。从时间看，体育精神具有历史性与时

① 李恺宪. 不同体育生活方式大学生体质状况的探讨与分析[J]. 首都体育学院学报, 2009, 11:739.

② 吕树庭. 21世纪：中国社会生活方式与体育的社会学透视[J]. 天津体育学院学报, 2001, 3:2.

③ 王广虎. “生活世界”与社会体育的生活化[J]. 成都体育学院学报, 2000, 4:1-3.

代性。①

奥林匹克运动崇尚搏击奋斗，要求运动者在竞赛中全力以赴、奋勇搏击、调动全部潜能去进行力与智的激烈较量。奥林匹克运动鼓励竞技者像战场上拼杀的勇士，奋力争先、敢于拼打、勇于夺取冠军和胜利。奥林匹克运动青睐有执着信念、不轻言放弃的运动者，顾拜旦很看重这一点。这种执着是建立在运动者对体育酷爱的基础之上，是运动者通过自我控制，不惧前进途中的任何困难、风险、障碍、挫折。弱于对手时，仍能不气馁、不退缩，在抵挡对手的猛烈进攻中坚持下去。在困难的境地中仍能不屈不挠，努力寻找机会力争反击，具有不达目的决不罢休的坚韧不拔的品质。奥林匹克运动正是通过这些挑战，促进并优化了人的各项运动机能和素质，从而使人类获得更好的生存和发展能力。当然，奥林匹克运动的挑战主要是指挖掘运动潜能、挑战身心极限。有挑战存在，就有征服出现。征服是由内向外扩展的，征服可以是征服对手、裁判、观众，甚至可以征服自然。奥林匹克运动是一种紧张、善意的较量。无论从技术、心理、意志、人品哪个方面上征服了对手，都能赢得对方的尊敬、理解和友谊。②

但是，当我们走进真实的学校体育课堂，在知识观教育的影响下，体育课也仿效智育课的教学方法，热衷于讲述体育知识、技术、技能、技巧。怕一些“危险事故”的发生，一些跳箱、跳马、双杠项目慢慢不见了，体育场上一些对抗性的竞争项目也越来越少了，体育课变得越来越文雅，越来越斯文。看到一些学生在争抢一个球，老师吓坏了，赶紧每人都发了一个，害怕把哪个小祖宗伤着了。从每人一球的画面看，确实好看了，但体育运动当中的人与人之间的竞争、争取的精神境界没了。只有技巧，没有了体育精神，不能不说是一种遗憾。毛泽东在《体育之研究》提出的著名口号是：野蛮其体魄。“野蛮”是一种精神，是个性解放与自信的表现，他拒绝温柔和软弱。勇猛、顽强、强悍、果

① 黄莉. 体育精神的文化内涵与价值建构[J]. 体育科学, 2007, 6:88-90.

② 黄莉. 体育精神的文化内涵与价值建构[J]. 体育科学, 2007, 6:88-90.

断、敢于冒险的精神才是野蛮的特征所在，也是学校体育教育的内涵所在。

现代奥林匹克运动不仅是当今世界上历史悠久、规模宏大、水平最高的综合性国际体育竞赛，而且也是影响深远、参与人数最多的社会文化活动。现代奥林匹克运动是一部生动的世界文化史，以丰富的文化内涵，深刻地影响着人们的思想观念和社会生活，文化价值受到了国际社会范围的普遍关注。①奥林匹克运动的精神价值是奥林匹克思想体系的基本立足点之一，也是奥林匹克运动的一个突出特征。在奥林匹克主义的阐述中，文化被置于与教育同等重要的地位，伴有盛大的博览会、艺术表演、观光旅游等文化形式。奥林匹克运动本身闪烁着丰富的文化内涵：象征着世界和平、民族团结的五环标志，寓意人类追求理想、不断奋斗进取的圣火传递，恢宏庄严的开闭幕式表演，运动员、裁判员的庄严宣誓，等等，无一不昭示着人类文明的进步，展示着奥林匹克文化的繁荣。奥林匹克文化是以奥运会为主线、辐射扩展而形成的社会文化现象，弘扬着人类身心和谐发展的主题。②

无数历史事实证明，“一种文化形态的发展速度及其发展水平取决于它与其他文化的碰撞、交流与融合，能够获得的文化资源越丰富，其发展就越迅速，越健康”。③在教育和奥林匹克运动全球化发展的背景下，中国学校体育文化与现代奥林匹克文化呈现出相互借鉴和融合的发展态势，学校体育运动的发展必然收到奥林匹克文化的影响。

追求中小学体育教育的文化目标，是针对中小学体育教育实践中教学目标的单一化，偏重学科性知识，学校体育缺乏体育精神，淡化了学校体育的文化功能而提出来的。文化有广义和狭义之分。狭义的文化与教育的关系更直接，狭义文化是指精神和观念性文化，是指人类以社会成员的身份习得的复合型整体，包括：知识、艺术、法律、信仰、风格

① 冯霞, 尹博. 中国学校体育与现代奥林匹克运动的文化对接[J]. 体育学刊, 2004, 7:4.

② 刘忠德. 现代奥林匹克文化与高校体育的关系研究[J]. 教育与职业, 2006, 9:177.

③ 任海. 奥林匹克运动的全球化与文化的多样性[J]. 体育文化导刊, 2002, 1:81-83.

和其他一切能力和习惯。体育文化是指人类体育运动的物质、制度、精神文化的总和。体育教育的文化目标具体是指人们所习得的体育知识、技能以及由此形成的体育意识、体育个性、体育道德、体育行为。培养中小学生的体育文化素养，体育教师要转变观念，树立多维体育观，淡化生物体育观。通过体育课、课外体育活动课、体育竞赛、校园体育文化建设，“四维一体”，不断渗透学校体育教育的点点滴滴的文化内涵，实现学生体育文化素养的提高。[①]

（四）国际主义教育的不醒目

奥林匹克运动超越了地域、种族、宗教、意识形态、时空等各种客观限制，赢得了世界各国最大程度的承认和认同，从而具有超常的开放性而风靡世界各地。奥林匹克教育的开放绝不仅仅是对世界上不同国家和地区的开放，更重要的是，它还对世界上每个生命个体的开放，是超常的深度开放。[②]在国际范围内，实现人才流动，实现人才引进、转会、培训的交流，已经成为一种国际潮流和趋势，这对竞技体育发展产生了深刻的影响。我国的竞技体育的国际交流日益频繁。如在足球、皮划艇等项目上聘请了外籍教练。我国的一些优势项目的教练也到国外去任教，如乒乓球、羽毛球等。这种国际性的体育人才交流对竞技体育的发展起到了非常大的促进作用。

学校体育领域，学校国际主义教育并不醒目。在全球化发展的背景下，中小学虽然也积极开展国际交流与合作，国际交流日益活跃，越来越受到各国中小学的重视。一小部分中小学开展体育国际间的交流活动，组织代表团参加重大国际体育赛事，选派优秀体育教师和教练员参加有关国际学术会议，聘请高水平外国专家到学校任教、讲学、指导训练等。各种形式的体育交流与合作提高了学校体育教学、训练和科研水平。然而中小学的国际交流的广度和深度却很低，[③]与国际主义

① 罗少功. 我国普通高校学生体育文化素养的理论研究[D]. 开封:河南大学, 2001:4-24.

② 黄莉. 体育精神的文化内涵与价值建构[J]. 体育科学, 2007, 6:91.

③ 王晓红, 李金龙, 孟云萍. 全球化视野下中国体育的发展[J]. 体育文化导刊, 2007, 11:38.

教育还存在很大的距离。在教学理念上，重技艺，轻人本价值观。在教学内容上，民族体育未受到足够的重视，国际公民教育缺乏。在教学模式上，形式虽多样，但内容单调，缺乏文化内涵。在教学手段上，相对落后，科技支持不普及。在教学评价上，重功利主义，缺乏人文精神。①

青少年是祖国的未来，倘若没有国际主义教育的视野和观念，谈何走向世界？

借鉴国外中小学体育发展的经验，促进我国中小学体育的发展。一方面，参考其他国家政府机构、社会团体、民间组织对学校体育管理的具体措施，从经济条件、体育组织的运动机制、体育俱乐部建设等方面，来优化我国学校体育的软环境；另一方面，使国外一些先进的健身手段也传入中国的学校体育。②

现代奥林匹克运动源于西方，经过100多年的发展，已经成为遍布全世界的优秀体育文化。为什么有如此的发展速度和规模？这是因为奥林匹克运动自身发展秉承的一种国际主义的教育视野。随着2008年北京奥运会的成功举办，奥林匹克教育走进了中小学校园。

在全球化的脚步越来越近的今天，学校体育教育也要注入国际化发展的思想。特别是在大都市的学校里，孩子可能来自全球各地，也可能去往全球各地。所以，体育教育中理应渗透国际公民的价值取向，培养理解国际文化、尊重多民族文化，参与国际事务的基础能力。③

北京奥林匹克教育活动中，“同心结”项目的奥运意义就是如此。它很好地把奥林匹克运动的国际化精神贯穿于学校体育教育活动中，活动的教育意义就是要与所有的奥林匹克大家庭的成员进行友谊交往活动。这项活动的基本载体和主要途径就是通过积极主动地与全世界的青少年交朋友，扩大中小学的国际交流途径，鼓励教师和学生与结成对的国家和地区的青少年共同学习对方的自然、地理、历史、文化、社会风

① 温一帆. 体育全球化视野下我国大学体育改革适应性对策[J]. 体育与科学, 2009, 6:88.

② 王晓红, 李金龙, 孟云萍. 全球化视野下中国体育的发展[J]. 体育文化导刊, 2007, 11:37.

③ 冯霞, 尹博. 中国学校体育与现代奥林匹克运动的文化对接[J]. 体育学刊, 2004, 7:4.

俗，拓展青少年的国际视野。[①]

体育教育的国际化视野，包括中小学体育教育目标的定位、专业的设置、课程体系的编排、体育教育管理模式等趋同国际惯例。如奥林匹克主义提倡的：和平、友谊、团结、进步、发展，尊重、卓越等对全世界青年进行身心和谐发展教育的理想等，都是进行中小学体育国际化教育很好的内容。[②]

① 耿申. 国际奥林匹克教育中的“北京模式”研究[M]. 北京:北京体育大学出版社, 2009: 212.

② 康昌发, 欧阳柳青, 杨梅. 试论中国体育的国际化[J]. 西安体育学院学报, 2002, 7:11.

第四章　奥林匹克教育价值缺失的原因剖析

一、奥林匹克教育价值与中小学体育教育价值的关系

（一）奥林匹克教育价值理念与学校体育教育价值理念的比较

21世纪，“以人为本”是我国中小学体育教育大力弘扬的核心理念。体育学习是一种主体性行为。学生在体育教育过程中是认知的主体，一切教育活动都紧紧围绕这一主体。学校体育教育工作始终围绕学生的全面发展而展开，健康体魄是人的全面发展的物质基础，育人是根本目的，引导人、锻炼人、培养人、发展人，是学校体育工作遵循的基本理念。

奥林匹克运动经过一个多世纪的发展，形成了独特的教育价值体系。“以人为本”的教育文化，主要表现在：①现代奥林匹克运动的形成和发展与人文主义密切相连。近代奥林匹克运动萌芽于中世纪欧洲解体之后，文艺复兴运动否定了束缚人的狭隘的中世纪精神，从此，人和人体的研究和发展终于成为一种可能，以发展人体和人性为己任的现代体育，才可能最终形成并获得发展，最终奥林匹克运动成为世界人文主义教育的重要组成部分[①]；②奥林匹克的哲学思想以发展人的身体和精神为核心，促进人的身体健康，塑造完美和谐发展的人格，表现为对人类自身发展意义上的终极关怀。[②]

① 谭华. 现代体育形成的前提条件[J]. 成都体育学院学报, 1995, 21,1:1-8.

② 冯霞, 尹博. 中国学校体育与现代奥林匹克运动的文化对接[J]. 体育学刊, 2004, 4:5.

从奥林匹克教育价值理念与学校体育教育价值理念的比较来看，两者的发展方向基本一致。

（二）奥林匹克教育价值目标与学校体育教育价值目标的比较

当前，我国学校体育教育价值目标是增进学生健康，促进学生掌握和应用基本的体育与健康知识和运动技能，形成运动的兴趣和锻炼的习惯，形成良好的心理品质，提高人际交往的能力与合作精神，提高对个人健康和社会全体成员健康的责任感，发扬体育精神，形成健康的生活方式，形成积极进取、乐观开朗的生活态度。[①]其教育价值目标的建立对于提高学生的体质和健康水平，促进学生的全面和谐发展，培养我国现代化建设需要的高素质劳动者，具有非常重要的作用。

奥林匹克教育特别关注人类自身。人是一切体育活动的主体。人不仅是体育项目的发明者、体育规则的制定者，而且是体育活动的实践者和体育发展的指挥者。在奥林匹克教育价值目标中，人自始至终都是唯一的重点，从而完整地确立了人的主体地位。不论从速度、力量、耐力、体能角度，从表现难度、优美程度、机能角度，或从情绪、情感、意志等人格完善的角度，还是从竞争力、创造力、想象力、生存力、智力角度，从多角度、多层面、深入持久地关注人类自身，希望借助奥林匹克教育价值的研究和推广，以求人的各方面能力获得全面发展，从而持续不间断地全面提升人的价值。[②]

由此可见，奥林匹克教育价值目标与学校体育教育价值目标都是为了促进学生的身心全面和谐发展，两者是高度一致的。

（三）奥林匹克教育价值与中小学体育教育价值的关系

1. 目标吻合

联合国教科文组织总干事费德里科·马约尔曾精辟地指出，人既是

① 中华人民共和国教育部. 体育与健康课程标准[M]. 北京:北京师范大学出版社, 2003:3-6.

② 黄莉. 体育精神的文化内涵与价值建构[J]. 体育科学, 2007, 6:91-92.

发展的第一主角，又是发展的终极目标。人类素质的全面提高是社会发展的起点与终点，这些与马克思所说的“历史不过是追求着自己目的的人的活动而已”中的内涵是完全相同的。①

奥林匹克教育丰富的文化内涵和特有的运动形式以及青少年的身心发展特点，决定了青少年是奥林匹克运动的追随者。现代奥林匹克运动满足了人的爱玩、渴望竞争的天性，同时也契合了青少年渴望发展自我、超越自我的心理发展特征。在竞赛的规则约束中，青少年潜移默化地懂得了遵守规则、公平竞争的意义。从青少年向成人的过渡阶段，通过参与体育运动的教育过程，帮助他们完成社会化成长的过程，不仅是奥林匹克运动所要实现的教育目标，也是学校体育教育的重要责任。②

奥林匹克教育价值和中小学体育教育价值，反复强调体育运动对身心的良好影响。他们有共同的目标，共同促进个人身心的和谐发展。他们分别从不同视角阐述了身体活动对个人身体、心理和社会适应等多维目标的促进作用，最终树立终身体育观，但目标是完全一致的。这是奥林匹克教育价值能够促进学校体育教育价值深入发展的最基本点，有异曲同工之妙。③

2. 内容互补

奥林匹克教育价值与学校体育教育价值在内容上是一种相互补充、相互渗透、相得益彰的互补关系。与学校体育教育价值相比，奥林匹克教育价值具有更丰富的人文知识、更丰厚的人文环境，具有空间的开放性、社会归属感、文化认同感、价值取向多元化等特点。④

学校体育教育活动的开展，离不开奥林匹克教育内容的渗透。奥林匹克教育活动的实践，离不开学校教育内容的支持。奥林匹克教育内容非常丰富，这将拓展学校体育教育的选择空间，培养学生积极参与的勇气和竞争意识。我们可以从奥林匹克教育内容中选用具有竞争对抗性特

① 何艳君. 论社区体育与学校体育的协调发展[D]. 桂林:广西师范大学, 2005:21.

② 王芳, 等. 奥林匹克文化及北京奥运会对学校体育的影响[J]. 职业时空, 2007, 20:35.

③ 何艳君. 论社区体育与学校体育的协调发展[D]. 桂林:广西师范大学, 2005:19.

④ 何艳君. 论社区体育与学校体育的协调发展[D]. 桂林:广西师范大学, 2005:15.

征的体育项目加以改造和优化，使之适合学校体育教育的发展。为培养学生融入社会、融入集体、与人合作相处的能力，我们可以从奥林匹克教育内容中选用和改造集体性项目。为培养学生的运动兴趣和爱好，可以选择趣味性较强的奥林匹克教育主题活动，引入体育课堂；还可以选择容易开展、方便易行、富有趣味性的内容作为课外体育活动的内容。将奥林匹克知识、项目和主题活动引入学校体育教育，将大大促进学生终身体育习惯的养成。

奥林匹克教育内容与学校体育教育内容的协调发展，奥林匹克教育与学校体育教育在物质、人才、信息方面的平衡互动、相互补充，能够在一定程度上解决学校体育教育人文性发展中出现的问题和困难。奥林匹克教育与学校体育教育内容上互补，能够推动个体、社会向前发展。

3. 形式拓宽

现代奥林匹克教育价值的介入，为学校体育教育价值的发展提供了更为丰富的教育内容、方法、手段等发展动力。同时，学校体育教育价值的发展客观上也促进了奥林匹克教育价值的多形式传播和多样化发展。作为中国体育文化传承主体的中国学校体育，正经历着体育课程、教材、教学过程的深化改革阶段。现代奥林匹克教育价值的注入，将对学校体育教育的指导思想、中小学体育教育的对象——青少年学生的体育态度、兴趣、行为等产生深刻的影响，为中小学体育教育价值的发展形式寻找到新的突破口。[①]

奥林匹克教育价值之所以能够对学校体育教育价值产生积极影响，不仅仅在于现代奥林匹克运动永恒的教育思想内涵。教育是奥林匹克思想的主线，以体育运动为手段，通过组织国际性的奥运会，教育全世界的青年和民众，最终达到“捍卫人类根本利益——社会和平”的目的。其实，奥林匹克教育与中小学体育教育还是有差别的。奥林匹克教育主要是一种精神和价值观的教育，而中小学体育教育价值还包括促进身体发育和技能形成、促进认知（包括动作认知、理性、情感等），因此，

① 王芳, 等. 奥林匹克文化及北京奥运会对学校体育的影响[J]. 职业时空, 2007, 20:35.

中小学体育教育价值从教育角度看要大于奥林匹克教育价值。从教育价值的实现角度看，中小学体育教育价值主要是通过体育课堂教学和课外活动来实现，而奥林匹克的教育价值主要是通过示范效应和宣传教育实现。因此，二者只是契合而不能等同。奥林匹克教育价值追求的是人类理想社会真、善、美的精神境界。奥林匹克教育价值的崇高目标对学校体育教育价值体系是很好的形式扩充。①

奥林匹克教育文化的不断变革、深化和创新，大大拓宽了中小学体育人才交流、体育科技活动、体育政策协调等各方面的交流与合作。奥林匹克教育文化的宣传教育活动、大众体育活动等与学校体育教育有割舍不断的情缘，使之成为奥林匹克教育文化传播和发展的动力和源泉，大大拓展了学校体育教育价值的传播空间。②

4. 方法互动

学校体育教育是传播健康理念、人类体育文化、形成体育行为的主要途径。其核心内容就是帮助受教育者改善身心健康水平，完善人的全面发展，以使学生将来承担相应的社会责任，使更多身心健康的优秀人才服务于社会。

在体育教育价值中渗透奥林匹克教育文化是培养青少年优秀品质的有效途径。学校体育教育中传播奥林匹克教育价值，使奥林匹克教育价值融入广大青少年学生的生活，以不断进取、超越自我、为实现梦想而努力奋斗的伟大精神，促进广大青少年学生优秀品格的形成。奥林匹克教育价值作为一种人生哲学，凝聚着人类在生存环境中的卓越品质，树立起人类实现自我价值的一座丰碑。学校体育教育价值与奥林匹克教育价值的有效结合，使青少年学生身心得到和谐、全面、健康的发展，对培养学生的远大理想，对学校体育教育面向现代化、面向世界、面向未来都有积极的推动作用。奥林匹克教育价值具有强大的文化震撼力，与学校体育教育价值相结合，对增强学生的民族凝聚力，培养学生的爱国

① 陈娇霞. 奥林匹克思想与学校体育思想关系的研究[J]. 中国成人教育, 2009, 7:119.

② 钟全宏, 王辉. 奥林匹克文化与学校体育教育[J]. 当代教育与文化, 2009, 7:28–30.

主义、集体主义和团结友爱精神的文化认同感，具有积极意义。

奥林匹克教育价值有当今现代体育文化的主流思想，在学校体育教育中普及奥林匹克教育文化对于促进世界主流体育文化的发展和我国中小学体育走向世界具有重大的推动作用。在学校体育教育中渗透奥林匹克教育价值，是转变学校体育教育理念、制定学校体育教育内容、加强体育教学设施投入等发生全新变化的文化动力。不仅为学校体育教育的进一步发展提供良好的文化参照，同时也会形成奥林匹克教育文化与学校体育教育文化之间的有效互动，为奥林匹克教育文化与学校体育教育文化的可持续发展，形成强大的文化策源地。这一系列的变化可以促进学校体育教育不断向国际化方向发展，有选择地借鉴与吸收现代奥林匹克文化的教育价值，促进学校体育教育价值与现代奥林匹克教育价值的互补与互动，并以此为契机推进中小学体育教育自身的改革与发展。①

二、中小学体育教育违背教育价值的原因剖析

新课程改革以来，体育课程理念和目标与奥林匹克教育价值的努力方向是一致的，但我们的学校体育实践却与体育新课程理念和目标有一些距离。

（一）哲学层面：体育教育价值的批判

科学主义倾向。随着近代科学技术的迅猛发展，科学主义体育思潮迅速崛起。科学主义体育观一味追求体育的自然科学性，而舍弃体育学科中以人为中心的学科本质。主张在学校学习的主要内容是体育科学知识，希望学生用科学的、客观的、中立的态度，用严密的逻辑推理来解决体育问题。在科学管理体系和评价体系指导下，轻过程、重结果的科学主义价值取向在人的情感生活世界里往往显得苍白无力，体育似乎失去了自己本身应有的功能。在一些中小学体育教育中，人们往往注重体

① 钟全宏，王辉. 奥林匹克文化与学校体育教育[J]. 当代教育与文化，2009，7:28-30.

育的科学和技术层面，忽视体育的人文价值。在学校体育教育中表现为：传授基础体育知识，提高学生体育理论水平，重视体育间接经验的学习，促进学生智力的发展。在传统学校体育教育中，对体育的理解是一种工具主义的理解，是一种无“人”的体育，导致一些学校体育教育中“人”的失落和“人”的价值与意义的扭曲。①

知识主义倾向，知识成为一切价值的代表。体育教育既有过程的价值，也有结果的价值。但由于当前多数体育教育过分强调体育教育结果的价值，而忽视了体育过程本身的价值。在体育教育过程中，片面强调体育知识的价值，使得体育知识似乎成为一切价值的代表而受到格外的青睐。从教学过程看，体育知识容易取得表面完成形态，如掌握了体育技术、体育技能、体育基本知识等会被认为是掌握了体育知识。一直以来，知识中心的教育价值受到很多批判，学校长期受考选文化的影响，这种知识中心的教育现状很难从根本上得到改善。如何改变体育教育中的知识中心主义仍是体育教育改革的关键，也是体育理论者与体育实践者努力追求的一个主题。体育学科知识是体育教师和学生天天都能见到的东西。“凡是近的东西天天见了，一定愈看愈大，并且能把其余的东西都遮住了，正如拿千里镜来看近东西一样，又如将一个手指放在眼前，可以把一切东西都遮住了。”学科知识在体育教育中日益放大，使学科知识成为独立于社会和儿童而存在的纯粹知识。教育者和受教育者不自觉地忽视了知识与社会、儿童发展之间的关系，学科知识仅成了书本上的东西。对于学习中的儿童来说，如果学习过程不能对自己的生活及思想内在有深层影响，那么知识对于学生来说只是一种外在符号，学习者也就成了盛装多种独立知识的容器，知识也就没有起到促进学生发展的实际效用。②

身心二元论的唯心论者漠视人的身体，身心二元论的唯物论者只强调人的身体，身心二元论强调身心分离。二元论的身心观要么鄙视身体

① 马卫平. 体育与人[M]. 长沙:湖南师范大学出版社, 2010:88-89.

② 刘冬岩. 实践智慧——一种可能的教学价值[M]. 南京:南京师范大学出版社, 2009: 11.

和一切身体活动，要么极端强调身体活动和机械训练。把人的身体与精神隔离起来，在这种思维中物质是低等的，精神是高尚的；身体是低等的，灵魂是高尚的。[①]这种思想在一些学校体育教育实践中还存在着。而我们应强调身心一元论思想，提倡身心相关的思想，体育教育中包含德育、智育和体育三者，德智体三者合一。

（二）理论层面：基础理论的偏颇

什么是“体育”，概念争论颇多。在日本，“体育”概念有多种解释，概括起来主要有三种。第一种解释：体育，身体教育论，是指“三育主义”基础上的身体教育以及实验。第二种解释：体育，通过身体活动的教育论，体育是通过运动和卫生的实践以促进人性发展的教育，体育是通过身体活动进行教育的领域。第三种解释：体育，增强体力论，体育不仅可以保持身体健康，而且可以促进身体机能的提高，体力培育是体育的基础。[②]

在中国，《中国大百科全书·体育》中，体育是指人们锻炼身体、增强体质、延长生命的重要方法，是与德育、智育、美育等相配合的整个教育的组成部分。它以竞技的形式，成为人们文化生活的内容，成为各国人民加强联系的纽带。

在《体育大辞典》中，体育也称为“体育运动”，指人们根据生产和生活的需要，遵循人体的生长发育、生物技能活动能力变化与适应性的规律，以及动作技能形成规律和认识事物的一般规律，以身体联系（体育动作）为基本手段，结合日光、空气、水等自然因素和卫生措施，达到全面发展身体、增进健康、增强体质，提高运动成绩水平，丰富社会文化娱乐生活为目的的一种社会活动。[③]

体育学院通用教材中的体育是指“以身体练习为基本手段，以增强体质、促进人的全面发展、丰富社会文化生活和促进精神文明为目的的

① 马卫平. 体育与人[M]. 长沙:湖南师范大学出版社, 2010:73-79.

② 中村敏雄, 高桥健夫. 体育原理讲义[M]. 东京:日本大修馆书店, 1987.

③ 陈安槐, 陈荫生. 体育大辞典[M]. 上海:上海辞书出版社, 2000:3.

一种有意识、有组织的社会活动”。[①]

张洪潭教授认为，体育是旨在强化体能的非生产性肢体活动。[②]

杨文轩、陈琦教授认为，体育是以人体运动为基本手段，增进健康、提高生活质量的教育过程与文化活动。[③]

人们总是从不同的侧面给体育“照相”，所阐述的定义和理论，只是认识体育本身的参照，不能当作教条，更不能当成体育的本身或全部。[④]

以上种种体育的定义，有功利性倾向的，有工具主义倾向的，也有些偏离了人的发展。体育的概念对体育课程理论方向起着引领作用，对学校体育的方向性有指导作用。一些关于体育概念的解释显然是不合适的，它们过分强调了体育的社会功能和价值，而对体育本身的功能和价值有所忽略，缺少人文、情意性。

体育是通过身体的教育，获得身体、心理、社会适应的全面发展。顾渊彦教授认为，基础教育体育实践课程是以“技艺性”为主，“情意性”“自然性”“人文性”四性兼备的一门以实践为主的课程。这是对体育较为宏观、辩证、中立的综合表述。

又如：在体育理论中，从“三基”来说，基本知识、基本技术、基本技能，其中基本技术是一种身体认知，而基本技能与基本技术是一个范畴，都属于知识，所以，“三基”实际上讲的是同一个问题，都属于体育知识。但我们体育理论中的论述却唯独缺少人学习体育知识途径的阐述，体育理论上的论述并不到位。所以，到目前为止，我国学校体育教育重视的是技能、技术，并不十分重视学习方法的讲授，体育理论的引领作用一目了然，影响了体育实践的发展方向。

又如：什么是竞技运动？

---

① 全国体育学院教材委员会. 体育学院通用教材——体育概论[M]. 北京:人民体育出版社, 1989:18.

② 张洪潭. 体育的概念、术语、定义之解说立论[J]. 西安体育学院学报, 2006(3):1-6.

③ 杨文轩, 陈琦. 体育原理[M]. 北京:高等教育出版社, 2004:15.

④ 马卫平. 体育与人[M]. 长沙:湖南师范大学出版社, 2010:15-16.

国际竞技与体育联合会的《竞技宣言》中，竞技具有游戏性质，凡是包括自己和他人的运动竞争，或根据自然障碍的运动比赛，都是竞技。

《日本体育大词典》根据上述定义提出，可以认为竞技的核心就是比赛。不论是高水平的运动比赛，还是低水平的运动比赛，不论是以创造优异成绩为目的，还是以娱乐健身为目的，均属于竞技的范围。

我国具有最权威的解释首推《中国大百科全书·体育卷》。我国体育理论的主导思想一直把竞技运动作为构成广义体育的一个组成部分，并解释为“专门的竞技活动，在这一活动中，个人或集体为了充分发挥形态、技能和心理能力，具体表现为本人或对手的纪录被超过，而紧张地从事各种身体活动。”

我国学者周爱光教授在汲取各个学说之长的共同点的基础上，对竞技运动作如下定义：“竞技运动是一种具有规则性、竞争性、挑战性、娱乐性和不确定性的身体活动。”结合这样的定义，我们可以对竞技运动的结构做进一步的划分，进而明确高水平竞技运动只不过是竞技运动的一种。那些把高水平选手竞技看作竞技运动的整体，实质上是以偏概全的观点。按照这种定义，我们在学校体育教育中要淡化的是照搬国际比赛规则和要求，不折不扣地最大限度地发挥学生身心潜能的那种正规竞技，对那些娱乐性、休闲性的竞技运动不仅不应该淡化，而且要提倡。

体育基础理论是从体育教育实践中抽象出来的，是体育学科的理论支撑，其理论概念界定、学科性质阐述的模糊对学校体育教育实践的指导是有歧义的，影响是巨大的，与奥林匹克教育价值的实现也是存在偏离的。

回顾中国近现代百年体育史，尤其是新中国成立60年来的体育教育史，有浓厚的社会本位论、工具论的体育教育价值观。从“军国民体育”到“准备体育”“体质体育”“竞技体育”。世纪之交的体育课程改革，在“健康第一”的人文关怀下，催生出了“体育与健康”新课程，向“人”的体育迈进了一大步。从“一个目的、三项基本任务”向“五个学习领域目标”的转变，体现了我国对中小学体育课程关于人的全面发展的新的教育价值观。尽管新课程改革如火如荼地进行，但由于地区、学校体育教育、体育教师专业水平的千差万别，在现实的中小学体育教育中，仍然不同地区、不同程度地存在着各种体育教育价值观。①社会本位观：军国民、竞技体育教育价值观。军国民学校体育教育观是在军国民教育思想的基础上提出来的，以救亡图存、保国强种、振兴国势、挽救民族危难等强烈的爱国激情作为立论的依据，以体操和兵式体操作为主要内容，强调对学生实行严格的军事训练和军人精神的培养，从而达到健身以卫国的主要目的。[①]这在当时对于我国两千多年的重视德育和智育、忽视体育的学校体育教育而言，是巨大的历史进步，强调通过兵式体操促进学生的身体发育，促进学生的社会性发展。然而，此种体育教育价值观有社会本位的价值取向，使学校体育课程充满着工具色彩：强调的是机械、专制、单调的兵式体操，“精神服从”“尚武习军”“振奋精神”，压抑和扼杀了学生的心理和个性化发展，有历史局限性。20世纪中后期，我国把体育工作的重点放在竞技体育上，希望通过国际竞技体育，振奋民族精神，凝聚爱国之心，展示社会主义制度的优越性，提高新中国的国际地位。在这样的背景下，体育转入以培养高水平体育后备人才和传承竞技体育文化为主要目标的竞技体育方向，呈现出社会本位的“工具论”价值取向，单纯地把人当作社会工具，而不是把人作为社会主体来培养，造成对人的本性发展的束缚和压抑。[②]②手段论教育价值观：体质、技术教育价值观。体质教育价值观是在20世纪70年代末，针对我国学校体育强调竞技功能，忽视青少年体质，以致出现青少年一代体质普遍不良的状况而提出来的。同时，它的提出也与新中国成立以来特别是成立初期国家领导人重视国民体质的思想有关，是指在体育教育中，以强调发展学生身体、增强学生体质

① 卢元镇. 体育人文社会科学概论高级教程[M]. 北京:高等教育出版社, 2003:386.

② 丁晓昌. 学校体育现代化理论构建与实践探索[M]. 南京:南京师范大学出版社, 2008:76-80.

为主导的学校体育思想。体质教育思想较注重学生身体锻炼的直接效果和运动负荷，体质教育价值观具有科学本位的价值取向，对于体育课程的科学化是一种历史进步。但这种教育价值观是基于对运动人体科学的尊重，片面地关注体育对人体的生物改造，忽视了对人的情感体验、个性化发展、社会性适应等作用，使得体育课程成为制造健康的“手段”。[①]技术教育价值观是指在体育教学中强调掌握运动技术、技能为主导的学校体育教学思想。在我国，这种思想的形成普遍认为受强调运动技术学习的苏联体育教学理论的影响，该思想也受到“重手段，轻目的”“脱离我国农村学校体育实际”的批评。[②]③目的论教育价值观：以人为本的体育教育价值观。20世纪90年代以来，在国外先进教育理念与经验以及我国体育课程研究与改革实践的双重作用下，我国学校体育课程改革的进行开始向以人为本的教育理念方向迈进，研究者开始重新审视并努力实践着体育对人的全面发展的教育功能。在这一阶段，提出了终身体育教育价值观、快乐体育教育价值观、健康体育教育价值观等多种具有改革意义的教育价值观。以人为本的目的论体育教育价值观更注重人的内在价值，强调在体育教育中应以激发学生的体育兴趣、养成终身从事体育的观念和习惯、培养学生终身体育锻炼的基本能力为主导，不仅把运动和情感作为实现体育教育目标与任务的手段，而且把运动中的内在乐趣和丰富情感作为目的。学校体育教育应为学生的健康服务，并把健康教育的诸多内容纳入学校体育的教育体系。目地论教育价值观如今已成为成为诸多学校体育教育的主流思想。[③]

（三）制度层面：制度化发展是一把双刃剑

学校体育教育的制度化大大促进了学校体育发展。教育之父夸美纽斯是一个崇尚自然主义的教育家，最后却走上了教育制度化的道路。究

① 丁晓昌. 学校体育现代化理论构建与实践探索[M]. 南京:南京师范大学出版社, 2008:76-80.

② 卢元镇. 体育人文社会科学概论高级教程[M]. 北京:高等教育出版社, 2003:386.

③ 丁晓昌. 学校体育现代化理论构建与实践探索[M]. 南京:南京师范大学出版社, 2008:76-80.

竟是什么原因？原因在于资本主义发展过程中需要以工业化的方式发展学校教育，即使一些经济不发达的国家最后也走上了制度化道路，是历史发展的产物。在这一历史时期，夸美纽斯提出了著名的开展学校教育的四个固定，即有固定学生的班级、固定的老师、固定的时间、固定的教学计划。这样的制度化发展大大地促进了学校体育教育在全世界的普及。通俗来说，在我国就慢慢形成了全国统一一个纲，全国一个教学内容。技术内容的标准化、一样的场地要求，促进了学校体育运动的普及和国际化发展，到如今已经变成了一种通识文化课。夸美纽斯有着功不可没的贡献。然而我们似乎也忽略了体育运动本身的千变万化。当前新一轮体育课程改革的深化发展已对此问题有了深刻的认识并有了改善，学校体育制度化发展带来的一刀切，对于部分学生来说，是非个性化的发展。奥林匹克运动也因为制度化的发展促进了奥林匹克运动在全世界的普及，也正因为如此，奥林匹克运动进入中小学教育进行宣传，中小学体育不是按照奥林匹克精神去教育，而是按照标准化去教学，所以，总有不完善的地方。

中小学体育教育制度化的发展在一定程度上促成了学校体育教育发展的工具主义倾向。德国社会学家马克斯·韦伯提出了“工具理性”的概念，并将其分为“价值理性”和“工具理性”。工具理性是指行动只由追求功利的动机所驱使，并借助理性达到自己需要的目的。个体纯粹从行动效果的最大化角度去考虑，漠视了人的情感和精神价值。在工具主义影响下，在一些学校体育教育中，体育教学目标与教学手段相分离，偏重体育工作的结果，看重体育本体价值之外的价值目标，强化了人们的逐利欲望，实现如：政治价值、经济价值、社会价值……体育成了培养人才的“工具”。淡化了体育教育中的体育本体价值：健身和娱乐价值被忽视；弱化了个体的人文底蕴，审美、德性、心理、情感、价值被忽视；体育也背离了其真实的使命，成了单纯传递体育技能的工具。[①]在奥林匹克竞技场上，黑哨现象、服用兴奋剂现象、商业化倾

① 夏成前. 追求自然的体育教学[D]. 南京:南京师范大学, 2009:93.

向、打假现象……无一不是体育工具化倾向引起的表现。以公平竞争精神构筑的奥林匹克竞技体育，因为竞争者对技术占有的不平等而受到了严峻的挑战，导致个人价值发展的失落……[①]因此，工具主义一方面与国家层面的功利主义结合在一起，压抑着人的意志自由。另一方面，又与个人层面的功利主义相结合，日益成为个人谋求自身利益的理性基础。在体育教学实践中，急功近利的思想和彷徨迷惘的状态使体育教学改革和实践问题重重。如：来自一线体育教师的感言："上有政策，下有对策""素质教育轰轰烈烈，应试教育扎扎实实"，"上级培训紧锣密鼓，下面教学依然照常""三级课程管理机制形同摆设""校本课程是啥?学生这么多如何实行新理念？如何把握体育与健康的教学时数、效果"，等等。学校体育沦为"工具性体育"，成了"达标"的体育，"考试"的体育。致使现实中体育教学理念与结果之间存在一定的偏差。[②]

学校体育教育是传递人类体育文明的一种重要途径。应该传承的既有可以看得见的体育知识、体育技能，也有看不见的人生智慧、品位和修养，还有对体育终极价值与生命意义的追问与认同。[③]

① 董传升. 科技奥运的困境与消解[M]. 沈阳:东北大学出版社, 2004:212.

② 姜之明. 中国体育教学的文化反思[D]. 北京:北京体育大学, 2009:26.

③ 刘冬岩. 实践智慧——一种可能的教学价值[M]. 南京:南京师范大学出版社, 2009:10-12.

第五章 中小学体育教育中奥林匹克教育价值的实现

一、奥运会举办国实现奥林匹克教育价值的六种典型模式

（一）蒙特利尔奥林匹克教育的“系统计划”模式

1976年蒙特利尔奥运会周期开发并实施的“学校推行奥林匹克主义”计划是奥林匹克教育史上首次形成的专门教育计划。这一计划的出现，使奥林匹克教育正式成为奥林匹克运动的一项重要内容。该计划旨在促进青少年对奥林匹克教育价值的一般理解，阐释奥运会的意义和影响，进而促进所有人参与运动、社会教育和文化活动。“系统计划”的指导原则是，展示人类的身体以及与之相关的健康良好状态，大力支持高水平体育竞赛及大众体育锻炼，鼓励大众广泛参与创新和创造性的活动。

计划的开发和实施使1976年蒙特利尔奥林匹克教育形成了“系统计划”的实践模式，为奥运周期内奥林匹克教育计划中教育内容的确立奠定了重要基础。计划的实施对象主要是魁北克省的在校学生和教师。该计划包含奥运知识教育、体育教育和文化艺术教育三部分内容，体现了顾拜旦的体育、德育思想。在学校师生中开展的教育计划，具有非营利性和公益性。政府部门为计划的实施提供了必要保障，政府部门的参与和支持是奥林匹克教育计划成功的关键。

（二）卡尔加里奥林匹克教育的“知识普及”模式

卡尔加里奥组委成立了青年教育部，以提高青少年关于奥林匹克运

动的目的和理想的认识。针对小学、初中和高中学生精心准备了教育资料，其中包括各种各样的学习方法，并利用奥林匹克的内容发展学校课程中的相关观念。部分活动还扩展到了整个加拿大，并于同年成立教育课程委员会以开发奥林匹克教育资源的成套资料。

卡尔加里冬奥会期间开发和实施的奥林匹克教育是奥林匹克教育发展史上的一个里程碑。它给奥运会主办城市（举办国）的奥林匹克教育以推力，加速了奥林匹克教育的进程。其中，奥运知识教育第一次呈现出系统性，接受教育的目标群体主要是中小学生，而不再将大学生视为重点，从而使奥运知识教育成为一种经典模式。卡尔加里奥组委成立了教育课程委员会，并针对中小学生的身心发展特点和年龄特征分别编辑出版了3套教育资料，使奥运知识教育在蒙特利尔奥运周期的教育指南、参考书基础上进一步系统化、科学化，为奥运周期的奥林匹克教育提供了范式。卡尔加里奥组委还配送幻灯片、电视机等相关设备，使奥运知识教育声图并茂，符合青少年的认知规律，大大提高了学生学习的效果。

卡尔加里奥组委除重视奥运知识教育外，还单独开发了文化艺术计划，包括儿童、青年艺术品的展览、壁画、旗帜标识、音乐戏剧等，不仅突出了“冬天”的主题，还充分展示了加拿大的传统文化艺术魅力。

（三）长野奥林匹克教育的“一校一国”模式

日本是一个重视教育的东方国家，长野奥组委联合日本文部省和长野市教育委员会（以下简称“长野市教委”）等组织机构，在开展了传统的奥运知识教育基础上，开发了“一校一国”的活动。由于该活动教育效果显著，成为了教育参与奥运的重要工作平台和纽带，后来被国际奥委会确定为奥运会主办城市的传统教育项目。另外，长野冬奥会期间组织的环保意识教育活动，契合了“人类与自然共存”的冬奥会理念，使国际奥委会重视的可持续发展思想渗透于学校师生的心田。

长野奥组委继承了1964年东京奥运会和1972年札幌冬奥会奥林匹

克教育的做法，将传播奥林匹克知识作为奥林匹克教育的基本目标，并在了解奥运知识的基础上，强调学校师生的参与体验，尤其体现在“一校一国”的活动中。该活动的开展有助于展现主办城市的风貌，提升举办国的形象，提高青少年一代的国际视野和国际胸怀，传递和平意愿，推进学校的国际发展。“一校一国”活动主要是在小学、中学低年级及特殊学校中组织实施。

“一校一国”活动的基本做法是，长野奥组委主办城市选择一批中小学与奥运会参赛国开展奥林匹克教育合作与交流。其口号是：“让我们的孩子成为世界公民，把承担21世纪重任的孩子们与世界联系在一起。”1996年至1998年冬奥会筹办期间，长野市76所中小学、特殊学校与其交流国学校开展了文化、艺术、游戏和舞蹈等多方面的交流活动。其主题涉及战争与和平、环保、预防艾滋病、反恐等方面。在冬奥会举办期间，学生们参加了与运动员交流，出席对象国的国旗或会旗的升旗仪式，为该代表团运动员提供服务，与运动员联欢庆功等。

（四）悉尼奥林匹克教育的“主题活动”模式

悉尼奥组委在9年时间里，组织了丰富多彩的奥林匹克教育主题活动，主要包括奥运知识教育、体育活动、文化艺术活动、国际理解教育活动、环保意识教育活动、志愿精神教育活动。其教育内容不仅是奥林匹克教育史上最全面的一次，而且主题活动参与程度较深，参与范围较广，教育效果较好。该周期的奥林匹克教育活动的各项内容几乎全部实施，全面取得成效，体现了一个发达国家的大国气度和风范，也更好地反映了奥林匹克理念和奥林匹克精神的内涵。

2000年悉尼奥林匹克教育活动的主要目标是：帮助学校学生与国际奥委会取得联系；在开展增强技能、提高学习效率及理解力等活动的同时，宣传奥林匹克精神，普及奥运知识，为学生参与2000年奥运会提供更多机会；鼓励澳大利亚青少年理解并接受悉尼2000年奥运会精神，在所有澳大利亚青少年的家庭和学校中建立起奥运会的主人翁感和热情；提高所有学生的体育和文化活动参与度，尤其侧重于发现并培养天才少年。

2000年悉尼奥林匹克教育活动的内容有：①奥林匹克知识教育。编写并出版《奥林匹克资源手册》及其相关教育资料，出版奥林匹克学生报纸——《O-News》，组织数期教师研讨会，讨论和交流课程领域的开发和实施，建立“Kids”——2000年全国奥林匹克教育计划网站。②奥林匹克体育教育活动。如：奥林匹克庆祝日、参与尝试日、奥林匹克日中的体育活动、太平洋学校运动会、与奥运会选手建交联系、皮埃尔·德·顾拜旦奖。③文化艺术教育活动。开展奥林匹克文化节、“分享奥林匹克精神”艺术活动、奥运会仪式上的文艺活动。④友谊网络项目——国际理解教育活动。到2000年，共有358所学校与海外42个国家的多所学校建立了联系，132000多名澳大利亚学生参加了友谊网络项目。⑤环保意识教育活动。⑥志愿精神教育活动——青年大使计划。

（五）雅典奥林匹克教育的“人文历史”模式

雅典奥运周期奥林匹克教育通过文化教育活动实施。其目标在普及奥运知识，弘扬奥运精神的基础上，考虑了对未来青少年和希腊教育的影响。雅典奥组委邀请100余名不同领域的教育专家制订计划、编写教材、培训师资、开设课程，形成了系统的奥运知识教育体系。其计划的系统性和开放性成为奥林匹克教育史上的又一个里程碑。

雅典奥组委鉴于雅典奥林匹克教育对体现2004年奥运会“人文奥运”理念的重要价值，提出奥林匹克教育目标旨在让青年人了解奥林匹克运动、更加广泛地参与2004年奥运会，并培养未来传递奥林匹克圣火的新一代。从内容来看，该目标与前几个奥运周期的教育目标并没有太大的差异，始终将普及奥运知识、弘扬奥运精神放在第一位，但更注意考虑为以后青年人的培养和教育留下遗产。

雅典奥林匹克教育继承了几百年不断发展成熟的体育精神，以青少年儿童为主要目标群体。通过文化教育过程实施，凸显奥林匹克运动的人文价值，体现鲜明的希腊特色，呈现开放性的态势。

2004雅典奥林匹克教育的内容是：①奥林匹克知识教育。雅典奥组委教育培训部针对6—9岁、10—12岁和13—16岁的学生及他们的教师，分别用希腊语、英语、法语和德语出版了包括8本书和1盒录像带的系列读物。其内容围绕五个中轴，分别就体育运动、文化、奥林匹克休战、社会排斥和志愿者主义等方面展开叙述，并介绍了古代和现代奥运会的知识、奥林匹克主义的价值及2004年雅典奥运会的信息和知识。雅典奥组委除了出版发行教育资料以外，还组织了其他相关奥运知识教育的活动。例如开设“奥林匹亚德”课程，每周1小时，从2000年开始在希腊国内的公立和私立学校讲授。此外，为了引起人们的兴趣，2004雅典奥组委针对希腊体育教育和运动科学的教师组织了多种多样的研讨会。这些研讨会在希腊不同的地区召开，主要任务是解释计划并提供资料以便教师备课。②其他活动。包括古遗址的教育旅游、举办展览会以及使用图书馆的档案资料。③开展奥林匹克教育欧洲论坛及高级研讨会。

（六）奥林匹克教育的“北京模式”

“北京模式”具有突出的特征。从组织管理的角度看，“北京模式”是由政府、学校、师生、家长、社区构成的。其活动的形式，是由示范校、“同心结”、志愿服务等活动构成的。其取得的教育效果，是在激情参与、亲身体验和深入交流中反映出来的。主要表现在：①政府全面配合奥组委，市教委全力推进奥林匹克教育工作；②发挥专家作用，全员培训教师，倡导行动研究；③学校通过“示范”和“辐射”，将奥林匹克教育活动推向社区；④“同心结”交流活动在全球范围内深度推进，成为北京奥林匹克教育中最受世界关注的成功项目。①

北京奥林匹克教育的组织者们早在本课题研究之前，便对上述五个奥运会主办城市及举办国家开展奥林匹克教育理念与实践的学习与研究。北京奥林匹克教育从计划制订、实施过程、实施结果，都能看到这

① 耿申. 国际奥林匹克教育中的“北京模式”研究[M]. 北京:北京体育大学出版社, 2009: 50-83.

些城市的奥林匹克教育经验的影子。概括地说，北京奥林匹克教育主要在以下五个方面继承了以往奥林匹克教育经验。①确定明确的教育目标。自1976年蒙特利尔奥运周期开发和实施POSS计划以来，每个奥运会主办城市（举办国）组织实施的奥林匹克教育几乎都有明确的教育目标。蒙特利尔、卡尔加里、长野、悉尼和雅典奥运周期奥林匹克教育的目标基本具有一致性：普及奥运知识，弘扬奥林匹克精神以及本届奥运会的理念，促进青少年参与各种实践活动，与奥运会主办城市和举办国家的传统文化、价值观念的整合。②构建合作的组织体系。奥运会的筹办和举办是庞大的系统工程，组织体系非常复杂。不仅国际奥委会、奥组委、国家奥委会、体育单项协会之间需要建立各种联系，而且这些组织机构还要与多个国际组织、国家单位、社会团体建立横向或纵向的合作关系，建立以政府教育部门和奥组委为主导，社会广泛参与，学校重点实施的奥林匹克教育组织体系。③制订全面的教育计划。上述五个奥运会主办城市都设计和实施了各具特色的奥林匹克教育计划。北京奥林匹克教育组织机构也制定了独立的、全面的奥林匹克教育计划。北京奥运周期中奥林匹克教育的五项主要内容包括：奥运知识教育、体育活动、文化艺术活动、“同心结”项目、环保意识教育活动和志愿精神教育活动。④选择适宜的教育形式。奥林匹克运动是生动活泼的。竞技场上健儿们龙腾虎跃，观众们在场外呐喊助威，与运动员的拼搏相呼应。体育活动中心、俱乐部等场所，青少年在亲身参与中体验奥运。奥林匹克教育采取了互动的、参与的、生动活泼的，引人入胜的教育形式。⑤具有鲜明的民族文化特色。目前，已形成了一个全球性的奥林匹克网。奥林匹克教育将传播这种普世性的知识、价值在一定程度上与本国国情、本民族文化结合在一起。

二、奥林匹克教育价值的本土化

（一）本土化是必经之路

“本土化”的内涵阐释。汉语中，“本土化”系词根“本土”与后缀

“化”字构成。“化”字缀于名词之后，表示转变某种性质或状态。从语义上说，本土化就是使某事物发生转变，适应本国、本民族、本地的情况。本土化是在本国、本地生长，具有本国、本民族、本地的特色或特征，是一个过程，即本土化的主体主动借鉴、吸收，进而发展自我的过程。从定义上理解，本土化具有动态性、发展性、主动性的特点。本土化的目的以本土概念为基础，逐步建立自己的解释框架和理论系统，最终开出自主性、原创性的学术新境域，使本土经验在理论与实践两个方面都获得智慧提升。本土化的最终目标和根本价值诉求，是在扎实深广的知识学的基础上，建立起自己的话语系统和解释系统，并最终形成独特的理论体系。

近代以来，中西文化交流所面临的一个共同特点，便是中国文化的先行结构和基础一直发挥着强大的作用力。它们既可以无所不装，包容各种各样的外来思潮，也可以成为一种过滤器，抵御、批判和解构外来观念，使其不能渗透到本土文化中。由于中西方的体育文化价值观均植于各自不同的民族土壤，有自己赖以生存的基础、历史和发展条件，并且由于它们都处于动态的进化过程之中，又有不完善之处，因此，本土化的过程就是文化的适应与创新过程。

本土化过程要注意两种错误的解释。①本土化就是国际化。这种理论立足于国际化的大背景，以国际化、全球化趋势及其观念来定位正处于发展的，开始现代进程的中国学校体育教育改革实践，以西方发达国家的实践和陈述方式来阐释有中国特色的体育教育改革举措和内容，话语表述方式的“西方化”，这种国际化摒弃了本土的传统，漠视本土体育教育实践，没有想到水土不服的问题，致使本土化成了“简单的移植现象”。合理的国际化过程应该是借鉴的过程，借鉴是一种从外到内的本土化过程。与移植不同的是，它不是对国外的体育教育理论本身进行重新检验和适当改造，而是运用西方研究体育教育问题的方法来研究中国自己的体育教育问题。“鉴”就是一面镜子，所谓借鉴就是借用别人的镜子来关照自身，取长补短，解决自己的体育教育问题。但由于怎么借鉴、借鉴什么等问题存在各自不同的取向，致使出现种种“水土不服”现象，所以本土化不是国际化。②本土化就是殖民化。此种观点认为，本土化就是“一个自内的文化殖民过程”，意思就是说“让西方文化合法地深入到本土文化的骨髓中去”的过程。此种意义上的本土化和“西方化”不过是异词同构而已。还有学者认为，本土化这种观点带有强烈的民族主义情绪。他们视异质理论为洪水猛兽，担心与它们的交流会失去本土，因为任何一个民族和国家的体育教育工作者都是根植于其特定的民族特性之中，如因被殖民化而拒绝一切外来文化是愚蠢的。本土化是特定历史时期社会、政治，经济、文化等综合作用的产物，是外来体育文化与本民族体育传统文化相互沟通、融合的过程，也是两种不同的文化发生碰撞必然要出现的一个阶段。[①]

（二）奥林匹克教育价值的本土化

说到奥林匹克教育价值的本土化，就会联想到为什么要将奥林匹克教育价值进行本土化的思考。这源于以下两方面的思考。

奥林匹克教育文化源于西方欧美国家。奥林匹克运动源于西方，属于世界。尽管奥林匹克运动强调世界性，但奥林匹克运动的本质还是以欧美西方体育文化为主，对东方文化的接受和融合还远远不够。奥林匹克教育文化起源于古希腊，因此带有强烈的古希腊教育文化特点。奥林匹克教育文化孕育并成长于西方体育文化之中，西方体育文化有独特性，但其并不全部具有普世性。一方面，它有积极的一面，体现了重竞技、重力量、重拼搏、重展现等西方体育文化的特征，其“更快、更高、更强”的格言象征着进取、奋争的精神，所有这些的确对于我国学校体育教育的发展具有借鉴意义。另一方面，奥林匹克教育文化也有异化的一面。奥林匹克运动发展过程中的过度商业化、滥用兴奋剂事件、黑哨、假球等事件在奥林匹克运动发展过程中此起彼伏，违反了人类和谐发展的宗旨。这些都是我们在借鉴过程中需要加以识别，并要像对待

---

① 王彦明. 本土的抑或本土化的——我国教学理论研究的路径抉择[G]//全国教学论专业委员会第十二届学术年会论文集.[出版者不详]: 2010印刷:33-34.

糟粕一样，将其清理出学校体育教育的视野。

中国具有接受奥林匹克教育价值的文化条件。从文化传统来看，中国体育文化体系是独立于西方的一种自成体系的体育文化传统。虽然在形式上与奥林匹克教育文化有不同之处，然而在内核上却具有许多相同和相通的地方。中国传统文化的核心便是奥林匹克运动所倡导的关于人的身心和谐发展的文化。因此，中国具有接受奥林匹克运动的深厚文化条件。

奥林匹克教育价值本土化应澄清的问题：在奥林匹克教育价值本土化过程中，需要辨识其在不同国家载体的类型和主要影响因素。发达资本主义国家的文化渗透和文化霸权是一种类型，发展中国家保护民族文化的多样化、彰显民族独特的文化内涵是另一类型。[①]为了更有效地实施和开展奥林匹克教育，我国应结合本国、本地区的教育文化特点和教育需求使其具有本土化价值。在奥林匹克教育价值本土化过程中，对普遍性的推崇绝不意味着标准化、现代化，或文化的单一化，更非欧洲化或西方化。[②]

（三）奥林匹克教育价值本土化的基本内容

1. 国际主义的奥林匹克教育价值

（1）民族平等观。

奥运会入场式由来已久。纵览多届奥运会开幕式盛况，其入场式已越来越成为一个国家、一个民族展示自己精美文化的巨大舞台，是各民族与世界的一场对话，表明了世界各国和民族对国际盛会的平等参与感，强烈融入世界的愿望和已经能够达到的国际化，承载着一定的话语功能。奥林匹克入场式中不管世界各国的文化历史、政治经济、科学文化、风俗习惯多么不同，每次的入场和顺序都有条不紊，充分尊重每一个民族，形成了自己的风格特点。在这个意义上，一切民族，不论大

① 王润斌. 民族主义演进与奥林匹克发展[D]. 北京:北京体育大学, 2008:125.

② 何振梁. 奥林匹克的普遍价值和多文化世界[J]. 体育文化导刊, 2002(2):4.

小，都处于同等重要的地位。每个民族与其他民族都是平等的。各民族拥有平等的获得非基本政治、经济权利的机会，是一种竞争规则的平等。

20世纪80年代以来，奥林匹克运动的领导层在提倡民族平等、反对种族歧视的斗争中立场鲜明、态度积极，并及时地采取一系列具体措施，如成立了专门的组织机构——反对种族歧视委员会等，从而有力地维护了国际公正事业，有力地促进了国际民族平等。

（2）诚信意识观。

奥林匹克运动是在诚实守信的基础上开展的体育活动，在古希腊奥运会上，有运动员逐个宣誓的仪式，誓词是“保证不用不正当手段取胜”。现代奥运会的头几届没有设立运动员的宣誓仪式，在比赛中就出现了弄虚作假现象。例如，1904年第3届奥运会马拉松赛时，美国一名运动员竟中途搭乘汽车15公里。1913年，由顾拜旦主席建议并经国际奥委会批准，决定从1916年第6届奥运会开始增加运动员代表宣誓仪式，从此作为对运动员的一种教育手段。运动员们参与体育竞赛的前提是参赛者要正直忠诚、严守信用，这是对参赛者在道德伦理方面的基本要求。若运动员不具备诚实守信的道德要求，如服用兴奋剂或冒名顶替，就借助体育规则中的惩罚，通过采取取消运动员参赛资格的方式来维护信用和权威，以确保体育竞赛是真正的公平竞争。哪怕赛后发现运动员有不诚实行为，也会毫不犹豫地立即取消其冠军资格。

（3）自我完善观。

奥林匹克运动的魅力在于她的自我完善性。其巨大的包容力，使“更快、更强、更高”的自我挑战精神和公平竞争精神构成了当代人类自我完善的基石。早期的奥林匹克传播为现代奥林匹克运动贴上了鲜明的欧洲文化标签。奥委会成员的阶级属性决定了他们在业余原则、妇女体育权益等问题上的局限性，影响范围较为狭窄。

第二次世界大战结束后，世界格局发生了深刻变化。战后经济高速发展使各个地区和国家紧密地联系在一起，形成了互相促进、彼此依赖的世界经济体系。奥林匹克运动抓住全球经济发展主题，排除政治冲突因素困扰，使奥林匹克终于能够按体育本身的规律发展。20世纪下半叶，紧随时代科技、传媒，尤其是电视、卫星通讯技术和光纤通讯技术，以及后来出现的互联网的快速发展，奥林匹克运动利用了不断完善的科学技术所建立的前所未有的传播手段与技术平台，反对、揭露和批判在体育活动中出现的任何歧视、种族主义、政治干预、人权问题、环保问题、资源问题、教育问题、贫困人群的健康问题及和平与发展问题等，促使国际奥委会进行了一系列改革，使奥运会成为全世界数十亿人共同参与的盛典而迈向繁荣。

现代奥林匹克运动发端于欧洲，历经了百余年发展。正是这种自我剖析、自我完善的精神使她成功地在百年间跨越了民族、国家、历史、宗教、语言、习俗、价值观念、意识形态等差异与障碍[①]，使全世界不同国家、地区、民族，宗教信仰的人相聚在五环旗下，增进了解，加深友谊。

（4）重精神，轻物质。

顾拜旦恢复现代奥林匹克运动的理想源于对教育救国理想的追求。当运动员获得优胜时，奖励的就是一个奖牌、一束花、一个橄榄枝缠绕而成形状为古代雅典城形状的桂冠。桂冠代表冠军的荣耀，橄榄树在雅典还被视为圣树，象征和平，组成的图案同时也象征生命圈、天空和大海。除此之外没有其他特别的物质奖励。作为一个教育家，为了教育各国青年，他在设计奥林匹克的诸多形式时，匠心独运地将授奖仪式作为激励各国运动员拼搏精神、奖赏其运动成绩和进行爱国主义教育的重要手段，使运动员在国歌奏响、国旗升起之际，把个人的成就与国家和民族联系起来，把国旗升上旗杆以奖励获胜的运动员。这样继承了古代体育主要以激烈的体育竞赛方式来追求荣誉、传递精神、实现心中的美好梦想。正是这种对精神世界的追求，才有我国第一个世界冠军的乒乓球运动员容国团“人生能有几回搏”的名言。这句名言不仅激励和鼓舞着

① 郝勤. 奥林匹克传播：历程、要素、特征——兼论奥林匹克传播对北京奥运会的启迪[J]. 体育科学, 2007, 12:3–5.

一代又一代中国运动健儿为国争光，还激励着各行各业的人们奋发向上。

（5）男女平等观。

从历史上看，体育一直作为强者的世界而由男性控制着，女性则被认为是体育领域天生的弱者而被歧视。19世纪以前，人们对女性参与体育运动持否定态度。19世纪以后，女性主义思潮兴起，女性进入被男性占据的工作岗位，妇女接受教育的机会增多，妇女开始走出家庭，走向户外，进入公共领域观看男性竞技运动比赛。少数妇女进而不满足于观众的角色，开始参与休闲体育活动。20世纪初，妇女体育的范围进一步扩大到集体性和对抗性项目，如篮球、棒球、划船、田径等，相应的妇女体育组织也开始出现。如1921年成立的国际妇女运动联合会，组织国际妇女体育比赛，为女性获得平等参与体育运动的权利提供了平台，奠定了基础。

随着时代的发展，国际奥委会对妇女的态度也发生了重要变化。第二次世界大战后，国际奥委会积极支持妇女参与奥林匹克运动，使女运动员的人数和女子项目数大幅度增加。不仅如此，国际奥委会还致力管理层次上给妇女平等的机会。自1996年起，国际奥委会组织召开了3次世界妇女与体育大会，推动了奥林匹克运动中男女平等的进程。在全世界争取男女平等的潮流中，在国际奥委会的积极推动下，参与奥林匹克运动的人数、女子项目数、女体育管理者的人数不断增加，奥林匹克运动中已出现了性别平等化趋势。

2. 构建普世性的奥林匹克教育价值观

奥林匹克教育价值观具有鲜明的时代性。中国以无可比拟的热忱投身于奥林匹克的大家庭中。尽管遭遇了种种曲折，终于在1979年重返奥林匹克运动大家庭。

随着2001年7月北京申奥成功，奥林匹克运动在中国深入发展，人们逐渐意识到其深刻的奥林匹克教育价值。作为一种在西方文化土壤上的产物在中国伦理价值观的大地上生根和成长，我国既要继承其优秀文化，同时也应拥有有别于西方文化的不同新质。这种新质既有助于加深对中国传统体育文化内在精神的选择取舍的能动机制的理解，也有助于我们对西方物理体育张扬个性、不断进取精神的正向学习和有效继承，还有助于深刻领会和挖掘我国对奥林匹克教育价值的理解。中国对奥林匹克运动非常尊重，本着为现实服务的原则，本土化是必经之路。只有这样奥林匹克教育价值才会不断放大，更有利于国人对接。

（1）和平正义的理想观。

奥林匹克运动象征人类伟大的和平。为此，创始人顾拜旦决定将奥运会总部由法国巴黎迁移到中立的城市——洛桑。在因中立而远离战火的洛桑，顾拜旦终于找回了奥林匹克——象征人类和平的自信，完善了现代奥林匹克的精神——和平的象征。

奥林匹克是一种信仰，一种人与人之间友谊的象征。奥运会赋予人们追求完美、更高、更好生活的理想；倡导人人平等而且具备德性的精英和“骑士”精神；创造了一个休战期，代表人类美好的4年一度的盛会，把哲理性的文艺活动融汇于运动会中赞誉和平的美丽。很显然，顾拜旦的奥林匹克理想不只是简单的运动赛事。他希望体育运动能改善国家间的关系，希望世界各地的代表通过和平的竞争促进国际间的团结。

古代奥运会的产生和发展体现了人们对和平与友谊的渴求。现代奥林匹克运动追求和平与正义，不仅给社会生活带来生机，也为全中国人民所向往。

（2）拼搏进取的人生观。

拼搏、奋斗是运动员的伟大目标。奥运会竞赛制度继承了荷马时期形成的拼搏奋进的竞技精神。只有敢于挑战、敢于突破，才能胜利！一百年来，奥运大赛上俊杰辈出，他们不畏艰难，不怕挫折的顽强拼搏精神成为鼓舞广大中国青少年的巨大精神力量，激励了一代又一代中国青少年为了心中的理想努力奋斗。

这些美德与中国体育界所提倡的“爱我中华，为国争光”“顽强拼搏，勇攀高峰”“勤学苦练，无私奉献”“科学训练，系统训练”“尊敬观众、尊敬裁判，尊重对手、遵守规则”等，相容共通。积极倡导“胜不骄、败不馁”“敢于拼搏，勇于胜利”精神，正是这些精神和观念，激励着运动员创造出一个又一个震惊世界的奇迹，谱写了一篇又一篇振兴中华的雄伟乐章，成为我国社会进步的一种动力。

（3）动态的健康观。

世界卫生组织发表的“阿拉木图宣言”指出：“健康不仅是没有疾病和不虚弱，而且是生理、心理的健康和社会适应能力的完美状态。”① 有些专家认为这是一种消极的健康观，因为将健康看成是一种目的而不是过程。健康不是一种静态，它不能贮存、不能转让，今天的健康不等于明天的健康。

国学大师梁漱溟以“生命”“自然”为根本观念，认为中国的儒家和道家都是以生命为其根本的。因为儒、道两家不是把生命看作是静的、死的、实体的观念，而是将生命视为如流水似的动态的过程。生命是动的是活的相续，人生的意义在于创造。②因此健康应该找一个动态的概念，它不能仅仅局限于身体生理与环境之间协调的动态平衡，而且要具备在受到外界侵害的情况下应对新环境并成功展示创造性与勇敢的新理念。于是健康专家又在三维健康观的基础上加入了心智和精神两个维度，从而使三维健康观达到五维健康观的近乎完美状态。这样健康就成为一个激动人心的、富有创造性的、充实完满的、持续不断进行着的、自我更新的动态过程。

健康，不仅包括物质层面的，更包括精神层面的，已逐渐与情感、审美、品位、身份等融为一体。象征健康的代表不是作家或农民而是运动员。在健康悄悄走进千家万户的时候，健康象征意义已转化为一种“理念”。在这里，健康象征的分析不是企图建立一种规则，而是在揭示人类生存状态的同时，给人一种精神上的启迪和心灵上的慰藉。如沙漠中的仙人掌给人以生命的顽强，同理，奥林匹克运动给国人以追求健康

① 程卫波，张志勇. 象征主义健康观[J]. 体育文化导刊, 2005, 5:27.

② 胡军. 梁漱溟的生命观[J]. 大连大学学报, 2008, 8:10.

的不竭动力。

（4）和谐发展的榜样教育观。

教育是奥林匹克运动的出发点和归宿。奥林匹克运动的主要教育对象是全世界的青少年。青少年是人类社会中最活跃、最少保守思想，也是心理状态最不稳定的社会群体。他们羡慕英雄，崇拜英雄，渴望成为英雄。奥林匹克作为一种重要的教育方式，用奥运精神教育世界青年，力图为全世界的青年提供奥林匹克选手这些活生生的现实中的英雄，激励广大青年对奥林匹克精神的执着追求。

奥林匹克体育比赛显著特征是具有代表性、公众性。运动员们之间的较量，不仅是个人技能的竞争，而且与他们所代表的国家和地区的名誉相联系。因而，运动员在比赛中所展示的精神风貌，与现代媒体相结合，具有很强的放大功能。运动员的一举一动、一言一行能够吸引公众，特别是广大青少年的注意，具有潜移默化的榜样示范作用。运动员的彬彬有礼、宽容大度、遇强不馁、拼搏到底的表现，常常会引发观众的共鸣，成为青少年学习的楷模。①

（5）自我超越的生命极限观。

奥林匹克运动的竞技赛场时时刻刻演绎着人类突破自身生理极限的惊险画面，给人留下了难以磨灭的感人画面，这需要常人难以想象的毅力和勇气。

马拉松代表着人类耐力的极限。每年有成千上万的人奔跑在城市的大小街道上，在全世界范围内演绎着数不清的挑战生命极限的项目，如美国“极限运动会”“环法自行车赛”、夏威夷“铁人赛”、人类登顶“珠穆朗玛峰”“穿越沙漠”等，从街道、沙漠到山巅，人类希望通过种种训练来考验自己的体力和毅力。行为学家认为，站在安全和危险的分界线前，能产生一种极强的“生命感”，感到自身的能力得到充分的运用，从而产生满足感、精神升华感。体育运动员在每个赛季开始之前，都需要长年累月的艰苦训练，实现着自己艰苦卓绝的生理和精神的自我

① 田雨普. 从竞技体育的特点看运动员的荣辱观教育[J]. 体育文化导刊, 2006, 6:25.

超越。但直到比赛，才可能创造出一个又一个的体坛奇迹，才可能产生常人难以想象的社会效益。

世界顶尖潜能大师安东尼·罗宾说：“作好高骛远，不着边际的追求，不如不懈地挖掘自身的钻石宝藏。只要你不懈地运用自己的潜能，你就能够实现自己的人生理想。”正如爱默生所说：“人无所谓伟大或者渺小。”找到自己能力的临界点，就找到了开发潜能的钥匙；突破了临界点，就等于开发了未知的能力。每个人的身体内部都有这种自我超越的巨大能量。

在我们的体育教学中，应不失时机地积极培养学生吃苦耐劳、不怕困难、不怕失败的顽强意志。在体育运动的教学训练和比赛中，要求参加者付出极大的身体和心理能量，接受艰苦的磨炼。让学生学会在运动中吃苦耐劳，疲劳时学会咬紧牙关坚持到底，困难时学会坚韧不拔、持之以恒，失败时学会决不气馁、再拼再搏，胜利时学会冷静处之、绝不得意忘形。自我超越，是人格精神中不可缺少的重要素质之一。只有升华到这个高度，人的行为才能产生质的飞跃。

（6）公平竞争的社会伦理观。

“啊，体育，你就是正义！你体现了社会中追求不到的公平合理。任何人不得超过速度一分一秒，逾越高度一分厘。”①这是《体育颂》中顾拜旦对体育公正的阐述。现代奥运会创造了一整套公平竞争的规则和方法，使参赛者在互相平等的条件下进行比赛。公平、公正的竞争不仅是竞技运动赖以生存的基本条件，而且是当今社会能够健康发展的基本条件。在公平公正中，公平是前提，公正是核心。运动竞赛的规则既保证了每位参与者都要遵守相同的游戏规则，也保证了每位运动者都站在同一起跑线上的公正的平等权利。

一般而言，体育竞争具有平等竞争、公正竞争、自由竞争、规范竞争的特点。高度程序化、规范化、制度化、法制化的体育竞赛决定了中国的体育竞争在正常情况下是标准规范、井然有序的公平竞争。从整体

① 刘清黎. 体育五千年[M]. 长春:吉林人民出版社, 2000:691.

看，中国与西方的公平竞争是一致的。从局部看，民族不同、文化背景不同，两者会有一些差异。其一，中国体育的公平竞争是以社会整体本位为主的公平竞争；其二，中国体育公平竞争，注重竞争起点的公平，而认可竞争结果的不均等，允许竞争结果存在巨大差异。公平竞争鼓励的是强者，而不是同情弱者。愿赌服输，没有同情或安慰可言。历届奥运会中，各国媒体多追逐冠军，镜头对准的常是胜利者。而中国传统文化在赞美强者的同时，也是同情弱者的文化。

随着中国与外国及国际体育组织的合作与交流日益扩大，很快适应了按全世界通用的规则办事的体育契约关系……中国在体育领域的国际地位拔地而起，并不断提高，得益于在经济全球化的背景下按共同遵守的规矩办事。

（7）绿色体育的环境保护观。

生态学认为竞技体育是一种破坏生态行为，过度的体育竞争违反了生态学最基本的合作，集体之义，同情的原则；兴奋剂和基因的控制技术将导致竞技体育对人的生态破坏；建设，维护，保养体育场地造成的环境破坏和能量消耗；大型体育场馆的取暖、制冷所造成的能源消耗和环境污染问题；球场暴力，恐怖主义，盐湖城事件的腐败，假球，黑哨等问题威胁到人自身的健康生存和发展。

与西方文化精神的主客对立相反，中国传统体育文化精神体现着"天人合一，道法自然"的精神境界，人与自然没有主客之分，内外无碍，同生共存于宇宙生命的大系统中。

2008年北京奥运会的口号之一是"绿色奥运"。在奥林匹克运动思想的广泛传播中，中国的全民健身活动在努力推进，新的健康的体育行为建立在与自然环境、社会环境的协调之中。回归自然，使人们对自己身体美的追求也有了自然标准来衡量。大众体育的传播思想正是基于绿色生态理念：和谐、快乐、健康、理解而被推崇。这与中国传统体育文化思想不谋而合、异曲同工。

奥林匹克的奥林匹克教育价值观发展至今，不仅是一个单一的价值观，而应是一个全面、综合、整体的价值观。任何偏废的观点都是不完整的。后奥运时期，我们在注重奥林匹克政治价值、经济价值的同时，更要突出对奥林匹克教育价值观的认识和思考，为中小学体育教育价值观的丰富内涵作出贡献。[①]

三、体育教育中实现奥林匹克教育价值的途径

（一）奥林匹克教育价值的制度保障，加大政策倾斜

从国家政策层面分析。2001年，《基础教育课程改革纲要（试行）》中明确指出："改变课程管理过于集中的状况，实行国家、地方、学校三级课程管理体系，增强课程对地方、学校及学生的适应性"。2003年《普通高中课程方案（实验）》提出赋予学校合理而充分的课程自主权，为学校创造性地实施国家课程、因地制宜地开发学校课程，为学生有效选择课程提供了政策保障和法律依据。在这样一种新课程改革的大背景下，中小学校本课程开发与实践成为了十分重要的课题。中小学的主要任务是根据国家课程计划、课程标准，在地方课程纲要指导下，结合本校的实际情况，为实现中小学的培养目标而进行课程设计、实施与评价。[②]新课程标准适当减少了国家课程在学校课程体系中所占的比重。在义务教育阶段，将10%—12%的课时量给予了地方课程和校本课程的开发与实施。从三级课程角度来说，"学校课程"实际上就是授权给学校自己决定的那部分课程内容。也就是说，在国家课程之外剩余的10%—12%的课时中，学校所能占到的也只有5%左右。

从学校体育教育实践层面分析。走进现实的中小学体育教育，由于中小学生体育教育的最后评价还是以国家课程和地方课程为主，以统一分发的中小学体育教材为主，对于体育教师而言，5%的自主创作空间还是很小的。以这样的空间把奥林匹克教育精神融会贯穿到每一个学生

① 周丽萍，田雨普．新中国奥林匹克价值观的嬗变与构建[J]．南京体育学院学报，2008，8:10.

② 董翠香．我国中小学体育校本课程开发理论与实践研究[D]．北京:北京体育大学，2004:6-8.

身上是较难的，毕竟没有课时的保障，没有相关专业素养的体育老师的引导，依靠中小学生自身领悟奥林匹克精神很难。奥林匹克运动作为一种优秀的世界体育文化，其所提倡的“尊严、平等、追求、卓越……”的精神，不仅是体育领域，也是其他学习领域、生活领域、工作领域非常提倡的一种精神。可以说，这样的精神是伴随人一生的、不可缺少的人生价值。在中小学这样一个教育阶段，青少年正处于人格、价值观塑造的重要阶段。在这样一个可以直面奥林匹克教育的大好时机下，如果没有体育课程管理制度的保障，一生中错过或缺失这样一种教育将是一种遗憾。基于中小学体育教育实践的反思，基础体育教育中的的确确缺少一种体育精神，而奥林匹克教育就是对中小学体育教育最好的丰富和补充。

正是基于对中小学体育教育理论与实践的思考，中小学体育教育中实现奥林匹克教育价值确实需要加大制度和政策的支持和保障。需要中小学的奥林匹克课时的保证。制定中小学的奥林匹克教育计划，将奥林匹克教育的精神融入体育课堂，普及奥运知识、弘扬奥林匹克精神，开展奥林匹克主题教育活动，做好早操、课间操、班级体育活动与课外体育活动，邀请奥运冠军进校园，为中小学生提供主动参与奥林匹克教育的平台，积极组织各类体育竞赛、体育节，组织编写奥林匹克教育出版物，为中小学体育教育提供课程资源……为中小学生的身心和谐发展提供政策支持。

（二）围绕奥林匹克教育价值，促进校本课程开发

奥林匹克教育的校本课程开发是以中小学体育教师为主体，以奥林匹克教育价值为核心，在国家《体育与健康课程标准》和地方《体育与健康课程实施方案》的指导下，依据中小学自身的性质、特点、条件以及可利用和开发的体育资源，为满足中小学生的体育需求和促进中小学生健康发展而展开的一系列奥林匹克教育活动的过程；通过量体裁衣、自行设计渗透奥林匹克精神的课程过程。包括两大范围：一方面，是国

家课程、地方课程的奥林匹克教育的校本化、个性化的改造与实施。即中小学体育教师通过选择、改编、整合、补充、拓展等方式对国家课程、地方课程进行奥林匹克教育价值内容的再加工、再创造①，贯穿奥林匹克教育思想，使之更符合中小学生发展的特点和需要。另一方面，中小学设计开发新的体育课程，即在具体实施国家体育课程、地方体育课程的过程中，充分考虑中小学体育课程资源的基础上，以学校和体育教师为主体创编的、适合本校学生实际的奥林匹克教育校本课程。

紧紧围绕奥林匹克教育价值，奥林匹克教育价值与体育课程相融合是开展奥林匹克教育的重要方面。奥林匹克教育价值与活动课程相结合是开展奥林匹克教育的主要形式，奥林匹克教育价值内容是开展综合实践活动课程的极好内容。在与体育课程的融合中，中小学可通过理论课程传授奥林匹克知识，也可以通过体育课程设置改造过的奥林匹克运动项目作为选修课程，奥林匹克教育价值与各学科课程思想相互渗透是开展奥林匹克教育的拓展形式。②

奥林匹克教育的校本课程开发：在新课程改革的大背景下，从教育目的看，是以学生的发展为本，以促进中小学生全面发展为目标；从教育内容看，是对优秀的竞技运动项目加以吸收和改造；从教育方式和手段看，体现学校体育的奥林匹克教育目的，以顺应现代奥林匹克教育规律为原则；从实施过程来看，不强调简单说教，而是要强调参与和体验，是一种灵活机动的课程实施机制。

（三）提升教师的专业化素养，加强奥林匹克培训

振兴民族的希望在教育，振兴教育的希望在教师。“没有体育教师的专业化素养的提升，就很难有高的体育教育质量；没有体育教师精神的解放，就很难有学生精神的解放；没有体育教师的主动发展，就很难

① 董翠香. 我国中小学体育校本课程开发理论与实践研究[D]. 北京:北京体育大学, 2004:22.

② 杨志成. 为国际奥林匹克运动留下具有中国特色的奥林匹克教育遗产[J]. 教育研究, 2007, 12:52-55.

有学生的运动能力发展；没有教师的体育教育创造，将很难有学生的创造精神。”[①]总地来看，没有体育教师教育的专业化发展，就没有体育教师教育体系的创新，就没有体育教师教育体制的创新，就没有体育教师教育模式的创新，也就没有体育教师教育内容的创新。一句话，没有高质量专业化的体育师资，就很难进一步深化基础教育体育改革。从调研结果来看，中小学体育教师自身对奥林匹克知识达到一般以上理解程度的占63.6%，其中非常理解的达到22.4%。对奥林匹克知识非常了解的是一些体育工作的领导人员以及一些奥林匹克教育示范学校的老师。体育教师奥林匹克知识的缺乏客观上给体育教师开展奥林匹克教育的传播上带来了实际困难。体育教师参加工作后，参加奥林匹克教育培训的机会很少，仅达3.6%。因此，实现奥林匹克教育价值，需要切实提高体育教师的奥林匹克文化素养。只有不断地加强中小学体育教师自身的奥林匹克文化修养，才能熟识奥林匹克知识，进而对奥林匹克精神有最深刻的理解，才能在中小学体育教学中达到自如运用，更好地实现奥林匹克教育价值。

我国早在20世纪90年代初，为响应国际奥委会的号召，推动奥林匹克运动在我国的普及，体育院校开始开设奥林匹克运动理论课程，为中小学体育今后开展奥林匹克教育提供师资准备。但在目前中小学中，多数没参加过本科体育专业学习的体育教师并未接受奥林匹克理论的系统学习，他们对具有丰富内涵的奥林匹思想体系无法深刻领会和全面融会、贯通、理解。因此，组织中小学体育教师对奥林匹克理论进行学习、研讨，加强中小学体育教师对奥林匹克思想体系的学习、研究，是新时期不得不面对的新问题。开展中小学体育教师的奥林匹克培训与师资队伍建设有积极的价值和现实意义。不仅为中小学体育教师开展奥林匹克教育提供专业上的准备，还对传播奥林匹克教育价值有重要意义。[②]

① 叶澜，等. 教师角色与教师发展探索[M]. 北京:教育科学出版社, 2001:3.

② 王桂忠. 普通高校开展奥林匹克思想体系教育的思考[J]. 体育学刊, 2001, 3:77.

（四）建设奥林匹克立体教材，增强素材创新突破

当前，奥林匹克教育正在逐步展开，新一轮体育课程改革也在紧锣密鼓地进行。目前我国现有的奥林匹克教材体系已不能适应新形势的需要，需要编写和设计出适应当今社会发展的奥林匹克立体化教材体系。

建设奥林匹克立体化教材体系已不再是传统意义上的课本，而是一种立体化的奥林匹克教学资源，是一套完整的奥林匹克教材设计体系。它以传统的纸质教材为基础，以奥林匹克学科课程为中心，以多媒介、多形态、多用途、多层次的教学资源为内容，是多种资源相互配套的结构性教学出版物的集合。奥林匹克立体化教材一般包括主教材、相配套的辅助出版物（如学生学习指导手册、教师参考用书、练习册等）、音像制品和网络教材（如教学课件、电子图书、试题库等）。奥林匹克立体化教材体系应包括适用于中小学生使用的一系列纸质教材和多媒体课件教材，面向中小学生和社会开放的奥林匹克教育网站和网络虚拟博物馆等综合资源，以适应和满足不同年级、不同人群、不同需要，多种途径地开展和传播奥林匹克教育价值。[①]

要增强素材的创新和突破。奥林匹克教育内容十分丰富，可供选择的素材也很广泛。奥林匹克立体化教材体系除了对优秀的奥林匹克竞技运动项目加以吸收和改造之外，还要以奥林匹克思想体系、组织体系和活动体系为主线。以奥林匹克主题为基本内容，包括如古希腊奥林匹克运动会的起源、发展及其兴衰，现代奥林匹克运动的复兴及其发展，《奥林匹克宪章》的沿革、内容、结构、原则，奥林匹克运动的思想体系，活动体系，奥林匹克运动与现代社会中的体育、政治、经济文化，顾拜旦的体育思想，奥林匹克的教育价值观，奥林匹克与中国等将奥林匹克运动的全部思想和活动内容教材化。具体呈现方式要图文并茂，有利于吸引学生的兴趣。这些内容可以从小学、初中、高中不同层次，分

① 韩桂凤，杨铁黎．我国奥林匹克立体化教材体系建设的理论基础[J]．首都体育学院学报，2008，4:31.

别选择他们能够接受的内容，编写适合他们学习的教材体系。改变以往中小学体育只是简单地将运动项目搬入学校体育教材，而是将奥林匹克文化多层次、科学地融入体育教材，实现奥林匹克文化与中小学体育的有效衔接，最终实现奥林匹克文化对人的教育。融入丰富的奥林匹克思想，不仅仅是简单的拿来主义。在编写过程中，要注意我国中小学体育在吸收、借鉴奥林匹克文化的过程中，处理好中国传统体育文化与现代奥林匹克文化的关系，保持本土文化的独立性。加强中小学生奥林匹克知识教材的编写与更新。奥林匹克运动是一个不断向前发展的体系，每时每刻都会注入新的事物。因此，中小学奥林匹克教育也应该与时俱进。在中小学各年级体育与健康课教材中不断更新奥运知识，研发适合各个学龄孩子兴趣爱好的奥运光盘教学片、挂图等知识载体，显得尤为重要。[①]

（五）运用多元化的主题活动，吸引学生积极参与

奥林匹克教育首先是知识的教育，最基本的基础是知识，各种教材和读本的出版也是出于这样的考虑。但奥林匹克运动的真正价值其实并不主要表现为一种知识体系，而主要表现为人类对理想的追求，一种生活方式的主张。其所提倡的公平、公正、尊重、友谊、宽容、合作、超越等都不只是知识形态的东西，都没有如知识学习那样的标准答案，而是靠主动参与、体验、交流才能获得的思想感知和观念形态。对于接受教育的青少年学生来说，奥林匹克教育价值在其心理感受、行为趋向、道德升华、文明导向等许多方面都有着巨大的影响力。

（1）运用多元化奥林匹克教育为主题的活动。创造一些新的教育主题活动，如奥林匹克竞技主题活动：小小奥运会、家乡拉拉队、亲子运动会、体育节、体育文化节等；奥林匹克绿色主题活动：清洁环境、维护环境、植树造林、让家长少开一天车等活动，使人们深刻认识到地球资源的稀缺性和保护生态的必要性；奥林匹克国际理解教育活动：模拟

① 王卓. 北京市中学开展奥林匹克教育的调查[D]. 北京:北京体育大学, 2007:39.

奥运会开幕式、模拟联合国、学习其他国家的风土人情、与其他国家的学校缔结姐妹校关系，让人们学会宽容和尊重他国文化等。

（2）吸引广大学生的积极参与。奥林匹克的教育对象包括中小学生。中小学生在学习生活中会遇到各种各样的烦恼，奥林匹克精神鼓励中小学生调节和控制自己的情绪，加强自我认识，客观地评价自己，积极与同学、老师和家长进行有效的沟通，抑制自己的冲动行为，与同学展开公平、良性的竞争。同时培养中小学生集体意识，在班级活动中，善于与更多的同学交往，养成健全、开朗、合群、乐学、自立的健康人格，培养自主、自动参与活动的能力。无数学生参与运动、训练和竞技比赛，是生活中必不可少的一部分。我国青少年人口达4亿，其中，在校学生人数达到2.6亿。在这样一个庞大的学生群体中开展奥林匹克教育，是世界奥林匹克教育史上前所未有的创举。在北京奥运会期间，北京奥组委、奥林匹克教育部共同制定了《“北京2008”中小学生奥林匹克教育计划》。作为主办城市的北京市，由北京市委奥林匹克教育工委和北京市教委共同制定了《北京市学校奥林匹克教育行动计划》。通过把奥林匹克教育融入学校教育，使奥林匹克教育制度化，最大限度地促进了奥林匹克运动在我国学校的传播。①

奥林匹克教育主题活动对中小学生的影响非常全面和深刻。因为它大力提倡人的身心和精神的全面发展，加强人文素质教育；大力提倡体育和文化、奥林匹克教育融为一体，加强终身体育教育、文化教育；大力提倡人生的奋斗精神、拼搏精神、坚韧精神、参与精神，加强爱国主义、集体主义、国际主义教育、理想教育；大力提倡学习社会规范，树立形象，加强典型、榜样教育和引导；大力提倡男女平等，公平、公开，竞争与友谊共存。②

奥林匹克教育主题活动理念必将深刻影响着中小学生的生活观、价值观、身体观、运动观和审美观的形成。中小学生在学习和生活中肯定

① 张建华，等. 北京奥林匹克教育的可能遗产[J]. 教育科学研究, 2007, 12:16.

② 杨西勇，邵晓军. 奥林匹克教育与中国学校体育略论[J]. 教育与职业, 2006, 4:85.

会遇到各种各样的困难，奥林匹克精神必将鼓励中小学生调整学习和生活的心态，提高学习兴趣与自信心，克服厌学心理，激发创造性思维，充分开发学习的潜能，提高承受挫折和应对挫折的能力，在克服困难取得成绩中获得情感体验，在品尝解决问题的快乐中培养进取的生活态度。[①]让奥林匹克教育价值真正地促进人的身体、心灵和精神的发展，走入中小学、为广大学生的健康和幸福添砖加瓦。

① 郭怡，于浩飞. 论奥林匹克精神与青少年心理健康教育[J]. 北京体育大学学报，2005，3: 343-344.

第六章　青奥会展望

一、基本概念

（一）和谐

什么是和谐？以古希腊哲学为例，第一个提出“美是和谐”的哲学家是毕达哥拉斯。他认为宇宙就是一个和谐的整体，和谐起源于差异的对立，是复杂事物的统一，不协调因素的协调。柏拉图认为“公正即和谐”，并把自己设计的理想国称为“和谐的交响曲”。“辩证法的奠基人之一”的赫拉克利特则提出“对立和谐”观，他说自然“是从对立的东西产生和谐，而不是从相同的东西产生和谐”。从对“和”这个概念的把握来看，中西辩证法在源头处就有一些相似点，即都是把它定义为包含着差异、矛盾、对立的多样性统一。[①]和谐是事物得以生存的内在规律，同时阐明了异质事物在对立统一与结合中产生新事物并得到发展的道理，相同事物的简单相加，则不能产生新事物，也不能发展。[②]

从以上理解来看，和谐是指配合适当。初一看，这些似乎有些过于简单，但细细品味，方觉其味无穷。单就“配合”一词而论，其涵盖了方方面面内容之间的关联；而“适当”则更是一针见血地指明了这些关联的方面必须达到让人满意的程度。

① 方克立. 关于和谐文化研究的几点看法[J]. 高校理论战线. 2007, 5:7.

② 龙大轩. 和谐思想与中国传统法律的价值选择[J]. 现代法学. 2005, 11:46.

（二）青奥会和江苏学校体育的和谐发展

本研究的和谐是指青奥会和江苏学校体育相生共存，互相驱动，关系默契，共同发展。和谐是一种使对象之间相互作用并且使彼此之间产生积极改变的过程。江苏学校体育作为学校教育的重要组成部分，肩负着继承、传播人类优秀体育文化的重任，所以这将在促进青奥会文化传播、有力地推动青奥会文化的全球化、多元化发展过程中发挥重要的作用。同样，青奥会教育由青奥会的自身内涵、方法和手段以及它的理论即青奥会精神为核心的教育内容，青奥会文化的广泛传播都将为江苏学校体育的改革和蓬勃发展提供更加丰富多彩的资源。那么，南京青奥会和江苏学校体育，两者之间的有效连接点是什么？两者之间究竟存在怎样的良性发展关系？江苏学校体育该如何以“2014年南京青年奥运会”这一全球体育盛典为契机，立足本土实际，有效把握这些契合开展互动，并最终达到和谐发展？这都是值得我们深思的重大命题。

二、青奥会的历程、发展及社会影响

（一）青奥会发展历程探析

要谈及青奥会的开始，不得不提到奥林匹克青年营（Olympic Youth Camp）（简称“青年营”）。它是奥林匹克教育不可分割的一部分，也是第一个专门为青少年在奥林匹克旗帜下举办的文化教育交流活动。分析奥林匹克青年营的发展现状，有助于清晰深刻地了解奥林匹克青年营在开始时期所与生俱来的教育功能，有利于了解青奥会乃至奥林匹克教育的发展。

1. 19世纪末—20世纪50年代末，奥林匹克“教育”的初期

据现有资料记载，奥林匹克教育起源可追溯到1912年第五届瑞典斯德哥尔摩奥运会青年营。古斯塔夫国王邀请了1200名12—18岁的青少年在奥林匹克体育场旁边安营扎寨，观摩奥运会各种典礼、比赛和文

艺表演，开展野营活动，进行志愿服务工作，这就是青年营的发端。并在1936年柏林奥运会和1952年赫尔辛基奥运会举办过两次。但举办时间短，成员国少，每个国家只派出1—2名营员。虽然缺乏一定的普遍性和参与性，但增进了盟国之间的友谊，交流了彼此文化。这就是青年营的雏形，更是奥林匹克教育实践的一个里程碑。

初期的奥林匹克教育目的单一却有很强的针对性，突出了对秩序与和平所起的重要作用，特别是为现代奥林匹克教育在志愿服务工作牵头引序，使文化交流活动在后来的奥林匹克教育发展历程中方式多样。

2. 20世纪60年代—80年代末，奥林匹克“教育”的发展期

1961年6月14日，奥林匹克学院成立，通过奥林匹克教育把体育运动与文化教育系统融合起来。同年，为了大规模的开展教育活动，也成立了国际青年学习班，促进了对奥林匹克教育理论知识的梳理。1964年东京奥运会，青年营以章程的形式作为奥林匹克教育的组成部分得到恢复举办。这是奥林匹克教育发展的一次典范，体现了现代奥林匹克运动创设的初衷。1972年慕尼黑奥运会国际奥委会建议各举办城市组织国际青年营。青年营成为奥运会的固定内容，进一步强调了青年营教育的重要性。1976年加拿大蒙特利尔奥运会诞生了“系统POSS模式”的奥林匹克教育计划，奥林匹克教育正式以学校为实践抓手提供教育计划范式。1988年加拿大卡尔加里冬奥会诞生。在卡尔加里“普及模式”的奥林匹克教育计划的指导下，学校对奥林匹克教育进行了课程化尝试。同年，在第24届汉城奥运会上，《汉城宣言》通过了《奥林匹克宪章》中增加“在每届奥运会期间，举办国都有义务举行奥林匹克青年营”条款，为青年营正常举办提供了政策依据。

期间，青年营活动逐步正常化并开始以学校为实践单位逐渐成为固有模式。奥林匹克教育基于学校课程化建设途径和范式开始形成，为后来在学校教育中的推广埋下伏笔。同时国际社会关注度增大，彰显了青年营的重要性，为奥林匹克教育实践进一步发展奠定了基础。

3. 20世纪90年代初—21世纪初，青奥会的形成期

1991年，在罗格的倡议下，第一届欧洲奥林匹克青年节在比利时的布鲁塞尔举行（简称EYOF）。运动员年龄限制在13—18岁，规模较小，文化和教育内容很少。多数研究认为只是形式上与青奥会相似。1992年巴塞罗那奥运会青年营提出“青年人，世界公民”口号。青年营通过展览、电影、演讲等形式探讨了奥运、青年、国际形势、生态等问题，充实了奥林匹克教育形式和内容，突出了青年在世界发展中应尽的义务。同年，国际研究生奥林匹克研讨班成立。学员从社会科学角度对奥林匹克问题进行深入讨论，丰富了奥林匹克教育的内涵和价值。1995年相继成立国际青年联盟组织和青年委员会，与世界卫生组织联合召开“体育为了健康”世界体育大会，青年开始正式露面于世界大舞台。

1998年7月首届世界青年运动会在俄罗斯召开，进一步明确了奥林匹克教育主体为青少年，很多学者认为最像青奥会的本体。1998年日本长野冬奥会诞生“一校一国模式”，奥林匹克国际理解教育进入创新和成熟期，也开启了奥林匹克国际理解教育的新纪元。2000年悉尼奥运会诞生以“澳蛙行动”为典型的“主题活动模式”。这次青年营活动将教育人群扩大，活动内容丰富，突出了人类的生存。

2001年第一届澳大利亚奥林匹克青年节（简称AYOF）。通过开幕式、居住运动员村、颁奖仪式等为青少年提供类似奥运会的经历；通过无歧视环境、公平竞争和教育氛围让青少年感受到友好的精神；通过“干净生活、干净比赛”计划、“澳大利亚奥林匹克大使”计划和丰富多彩的体育活动实践了奥林匹克教育。AYOF为青奥会设立文化和教育项目提供了样式，被认为最具青奥会之神。2002年在德国举行了“寓教于体”世界论坛，《威斯巴登宣言》明确：文化和教育对提高民族意识和增加人类财富有重要作用，奥林匹克主义的教育作用在开展体育运动时应当重视。至此，各国奥委会和教育机构开始普遍重视奥林匹克文化教育的传播与发展，为奥林匹克教育的进一步推广和青奥会的创立做了

重要的铺垫。

2004年希腊雅典奥运会青年营提出“青年和环境”口号，并诞生了雅典“人文历史模式”，制定了奥林匹克教育评估体系。同年，青年营被正式写入《奥林匹克宪章》，奥林匹克教育人文化、课程化建设进一步落实，为青奥会的进一步形成提供了依据。2007年，在第119次国际奥委会危地马拉会议上，决议创立青少年奥林匹克运动会。2008年第八届体育大专院校论坛首次对青奥会进行理论和制度建设，建议更加注重教育文化活动，以便让青年人体验到体育运动所带来的快乐。还建议出台一系列规章制度，为奥林匹克运动向前发展提供保障，这次会议标志着青奥会正式形成。

1991年至2001年举办的几项重要赛事和活动均附着了部分青奥会教育实践的片段，各种创新实践模式和口号的相继诞生让奥林匹克教育逐渐走向成熟，加上各种世界论坛提供的理论基础、办会宗旨和制度保障。至此，一项专门为青少年而设的奥运赛事诞生。

4. 21世纪初，青奥会的初期

2010年8月，在青奥会宗旨的指引下，首届新加坡青奥会进行了26个大项、201个小项的竞技比赛，融入了更多交流、团结、共享的元素。青少年在既定规则中以一种健康的心态挑战自我，享受青奥会带来的快乐。罗格表示:“运动员是否在运动会期间感到快乐。”是青奥会成功与否的重要评判标准。南京提出的“绿色青奥、活力青奥、人文青奥”的青奥会理念，充分体现文化教育与体育竞赛同等重要的理念，并充分利用新媒体对世界青少年的影响力，吸引世界青少年广泛参与。期待建立文化教育计划由青少年自己设计，体现青少年特色，融知识性、趣味性、互动性为一体，让所有参与者在“学习、责任、共享、快乐、成长”等方面有所收获的“南京模式”。

首届青奥会通过多元文化的融合和丰富多彩的交流活动，让青少年们感受到了青奥会的魅力，被赋予了更多的教育功能。南京青奥会将这种多样化的文化交流继续传承发扬，并充分利用新媒体等现代化的运行模式创造不一样的“南京模式”，促进青少年从思想上主动接受，行动里积极推广青奥会。让人类更好地生存和发展教育成为可能。

（二）青奥会的教育对象：青年

青年是未来，青年是希望。在社会进步、经济发展的今天，青年人无疑扮演着尤为重要的角色。中国近代著名启蒙思想家梁启超先生曾这样说过：“故今日之责任，不在他人，而全在我少年。少年智则国智，少年富则国富，少年强则国强。”[①]被誉为现代奥林匹克运动之父的顾拜旦先生同样对青年寄予了厚望：“因为是青年，而不是儿童，掌握和引领着人类的命运。”[②]

作为现代奥林匹克运动的领导机构，国际奥委会一直把青少年问题作为奥林匹克运动发展的重中之重，也始终把青少年身心健康发展作为奥林匹克运动追求的宗旨。1999年，国际奥委会通过的《奥林匹克运动21世纪议程》中明确提出：青年人是环境、发展和体育活动最关联的人群。奥林匹克运动认识到这一群体在可持续发展行动中具有特别重要的作用，要提高对人本身发展的重视。2009年，第13届奥林匹克代表大会在哥本哈根召开，“OLYMPIC AND YOUTH（奥林匹克与青年）”这个议题被罗格主席认为这是本次大会最为重要的主题。该议题旨在鼓励青年人参加体育运动，培养一种健康生活方式，回归体育的原初目标，走向教育和文化，而非争夺奖牌。

2010年在南非德班举行的第七届世界体育、教育和文化大会，由国际奥委会文化和奥林匹克教育委员会和联合国教科文组织联合主办，大会主题是“GIVING A VOICE TO YOUTH（倾听年轻人的声音）”，同样将青年置于大会议题的中心位置。不仅每场全会和分会都会安排一位参加过新加坡青奥会的青年运动员代表、工作人员、志愿者或者

① 梁启超. 少年中国说[EB/OL]. [2011-1-10]. http://baike.baidu.com/view/78855.htm.

② 顾拜旦. 致奥林匹亚——柏林的火炬传递手[M]//国际顾拜旦委员会. 奥林匹克主义——顾拜旦文选. 北京:人民体育出版社, 2008:245.

是来自联合国的青年使者演讲，就连大会闭幕式的发言也全部由这些青年完成。[①]

2014年南京青奥会的宣传口号是“让奥运走向青年，让青年拥抱奥运”，对应的英文为“OLYMPIC FOR YOUTH， OLYMPIC BY YOUTH”。“FOR”表示目的，青奥会是为青年；“BY”表示手段，青奥会主体是青年。该口号翻译符合国际奥委会的推广青奥会的理念，淋漓尽致地体现出青年之于青奥会的价值要义，得到了中国奥委会前秘书长魏纪中老先生的肯定和认可。

从文化融合的层面看，奥林匹克教育可分三个阶段：首先是对奥林匹克主义的认知和理解，这是个认知学习阶段，目标是认识“奥林匹克是什么”；其次是对奥林匹克主义的“再解释”，这是个意义识别阶段，目标是认识“奥林匹克意味着什么”；再次是对奥林匹克主义的教育加工，这是个本土化改造阶段，目标是认识“奥林匹克在我们这里变成了什么”。对这三个阶段的理解和实践，将直接指导我们实施青奥教育的具体认识。南京应该借此机会，在实施青少年奥林匹克计划的过程中，提倡和推广“奥林匹克主义”这个核心概念，不能避而不谈。

从一定意义上来说，文化与教育活动的实施成功与否，直接关系到青奥会的承办是否成功。南京应该在继承北京奥运会教育遗产的基础上，以继承和发展的眼光，进一步探索和丰富奥林匹克运动的教育模式。此外，教育行政部门应承担起动员和组织职责，充分利用新媒体(网络博客、音视频、在线论坛、空间等)，通过一系列线上线下、场内场外的互动，加大青奥教育的普及面和影响深度。青奥对运动员来说，不仅是汲取和获得，还有贡献和付出。我们的参赛青少年运动员绝非仅仅去参与一场青奥比赛，而是以自己的行动来丰富和发展奥林匹克教育理念，赛后应该成为传播奥林匹克文化的使者。如有可能，我们的运动员应该在比赛期间尤其赛后，应该把自己参与奥林匹克的认识和理解通过各种途径充分地表达出来。如通过各种运动员论坛等，与更多的普通青年一同

① http://www.beijing2008.cn/boda-news/s214609305/n214616836.shtml.

分享奥运经验心得，而非仅仅去赢得一场比赛。这是责任，也是义务。

（三）青奥会对江苏省青少年竞技体育的促进

青奥会作为世界上影响力最大的体育赛事之一，对于举办国政治、经济、文化等各个方面的推动作用是有目共睹的。青奥会旨在平衡现代奥运会浓厚的体育竞技色彩，推广奥林匹克文化教育理念。它在南京的筹办必将对南京市青少年竞技体育产生重大影响。随着青奥会教育理念的传播，南京市竞技体育发展方式也将在一定程度上朝可持续发展的方向前进。每次大型赛事的申办直至举办都将对当地群众体育事业产生重大的推动作用。大型赛事的筹办不仅仅是相关体育部门的职责，也是筹办城市、筹办国家人民的重要职责。[①]青奥会推广的是奥林匹克主义，以公开、公正、公平、公众的思想优化着江苏竞技体育；江苏竞技体育用其内外协调、和谐统一的辩证思维完善着青奥会运动。青奥会运动与江苏竞技体育呈现出双向交流促进的趋向。青奥会运动与江苏竞技体育的融合，实质是两种文化的相互借鉴、自我完善。集体主义、爱国主义、民族意识、公共意识、团结精神、拼搏精神都是江苏省传统竞技体育文化的瑰宝。平等与法制是青奥会文化一脉相承的精华。两种文化的融合，意味着对自身精髓的继承和保持，更意味着更好地宣传和发扬。

（四）青奥会对江苏省学校体育的促进

1. 促进学校体育教育，实现奥林匹克精神在广大青少年中的传播

奥林匹克运动具有强大的生命力，其理念在于奥林匹克运动从一开始就不是流于体育运动的层面，而是谋求体育运动与教育和文化的结合，使奥运会在发展过程中逐渐形成以奥林匹克主义为核心的奥运理念，奥林匹克运动因此有了坚实的思想基础。青奥会正是植根于奥林匹克肥沃的思想基础之上，它侧重于对广大青少年进行思想教育。无论是

① 史立峰，樊东声，赵 凡. 2014 青奥会对南京城市体育发展重大影响的研究[J]. 南京体育学院学报:自然科学版, 2011, 12:143.

直接教育还是间接教育，青奥会都毫无疑问地加强了奥林匹克教育的深度和广度。[①]青奥会的创立丰富了奥林匹克教育体系，健全了奥林匹克教育制度。尽管如此，奥林匹克运动对青少年的教育仍以间接教育为主，但是青奥会的创立表明了国际奥委会正尽最大努力实践体育运动与教育和文化的直接结合。2014 年青奥会在南京落户，这也将使得奥林匹克精神在南京市广大中小学中得到广泛的传播。青奥会不仅吸引有竞技天赋青少年的参与，同时也对关注青奥会的青少年进行教育。无论是直接教育还是间接教育，青奥会都毫无疑问地加强了奥林匹克教育的深度和广度。在南京筹划申办青奥会的过程中，南京中小学开展了一系列以青奥会为主题的体育活动，使得广大青少年能够通过体育活动认知、了解青奥会。奥林匹克运动不仅仅是体育活动，而且是一种文化活动。青少年是青奥会的主体，他们是奥林匹克文化的创造者，也是奥林匹克文化的传播者。南京市广大中小学生从南京筹办青奥会及申办成功后都举办了各种以青奥会为主题的活动，加速了奥林匹克精神在中小学中的传播，奥林匹克精神也必将深刻地影响他们的体育行为方式，培养其终身体育意识，养成良好的生活习惯，最终使得学校体育得到蓬勃发展。

学校体育的教育对象为广大在校学生，多为青少年。可以说，学校体育也是以在校青少年学生为主体教育对象。在新一轮的体育课程改革中突出强调以学生为主体，重视学生的主体地位，遵循个体差异，帮助学生学会学习，这无疑与青奥会的参与主体达成了天然的契合。我国学者潘绍伟教授在其主编的第二版《学校体育学》中明确提出："学校体育课程改革强调以学生发展为中心，重视学生的心理感受和情感体验，努力使学生将体育学习和活动作为自己的内部需要，并产生强烈的求知欲望和探究精神，从而提高体育学习和活动能力。"[②]立足江苏实际，青

① 丁兆熊，等. 南京青奥会与江苏学校体育的互动研究 [J]. 南京体育学院学报:社会科学版，2010，12:29.

② 王成. 追寻体育的真义：2014 年南京青奥会的探索与期待——张之沧、王守仁教授访谈录[J]. 体育与科学，2010(2):16–19.

少年体育事业取得了很大的成绩，其营养水平和形态发育水平不断提高，有力地提升了全省国民健康素质水平。[①]

2. 转变竞技体育人才培养体系，促进竞技体育健康、可持续发展

我国竞技体育实行的是举国体制。举国体制在计划经济时代的确发挥了重大体制优势。随着我国市场经济的发展，竞技体育的举国体制已经暴露了越来越多的弊端。虽然在第 29 届奥运会上，我国竞技体育成绩名列第一，但不可否认的是我国的竞技体育的可持续发展性远不如美国、俄罗斯、英国等国家。南京作为江苏省竞技体育强市，在近些年的竞技体育成绩中远超过江苏省其他城市，但是由于在竞技体育人才培养方式上仍实行举国体制，使得很多竞技体育项目发展缺乏可持续性，像乒乓球、羽毛球传统长项开始出现队员青黄不接的问题。这些问题的出现和江苏建设体育强省及南京建设体育强市的目标是相违背的。根据我国竞技体育多年训练的经验，[②]7—13 岁是基础训练阶段，13—16 岁是专项提高阶段，16—20 岁是最佳竞技阶段，19—22 岁是竞技保持阶段。不同的运动项目所需的年龄阶段可能有所差异，但大致符合年龄训练规律。目前，我国在培养竞技体育人才方式上有着急功近利的表现。一些体育官员、教练为了能够让运动员早出成绩，给自己提高政绩、成绩，而不惜拔苗助长，过早地透支运动员的运动潜能，使得运动员发展缺乏可持续性。2014 年青奥会在南京举办期间[③]，它所带来的体育运动教育功能及古代奥林匹克体育精神必将在一定程度上撼动现有的体育人才培养制度及培养方式。[④]青奥会送给南京的不仅仅是一个国际级赛事，它带来的奥林匹克体育精神必将加速江苏省竞技体育的改革，实现竞技体育真正的可持续发展。

① 方千华, 翁兴和, 汪焱. 现代奥林匹克与高等教育互动发展的实证研究——基于北京高校参与奥运的调查与启示[J]. 体育科学, 2010(2):55-63.

② 史立峰, 樊东声, 赵 凡. 2014 青奥会对南京城市体育发展重大影响的研究[J]. 南京体育学院学报:自然科学版, 2011, 12:144.

③ 朱宏. 2014 年南京青奥会 SWOT 分析及应对策略研究[J]. 南京体育学院学报:自然科学版, 2010, 24(2):151 - 153.

④ 蒋荣, 颜月乔. 青奥会目标对青少年体育人文教育的导向[J]. 南京体育学院学报:社会科学版, 2010, 24(1):18 -21.

三、青奥会的教育价值体系

（一）青奥会教育价值的内容体系

1. 南京与奥林匹克运动在青年教育上高度契合

风雨钟山、虎踞龙盘，作为江南的省会城市，南京是中国历史上的四大古都之一，有着“六朝古都”“十朝都会”的美誉，历史文化悠久，经济实力雄厚，社会政治稳定，比赛场馆齐全，办赛经验丰富。不仅如此，南京在青年和教育这两个关键词上也有非常突出的特质，并在一定程度上达成契合。

早在2005年，南京就提出建设“历史积淀深厚，质量水平一流，名校名师众多，风格特色鲜明”的教育名城。如今，南京不仅两度摘得“中国最具教育幸福感城市”桂冠，还荣膺“中国大陆最具教育发展力城市”殊荣。同时，南京还是国家唯一的科技体制综合改革试点城市和长三角规划中唯一被定位于“科技创新中心”的城市，坐拥50多所高校、600多个省级以上科研机构、70多万科研人才、80多位两院院士。2009年，南京科技进步对经济增长贡献率在50%以上，全社会研发经费占GDP比重为3%。[①]南京不仅是一座教育之城，还是一座青春之城、青年之城。南京的大中小学非常多，在中国位于前5名。学生非常多，青年也非常多。在南京工作生活的有265万中外青年，147万学生，70万大学生在南京举办青奥会，也正符合国际奥委会创立青奥会，让世界青年接受奥林匹克价值观教育的原初理想。

2. 南京青奥会对教育理念的影响和贡献——价值观教育

价值观是一个人对周围的客观事物（包括人、事、物）的意义、重要性的总评价和总看法，是人们在处理关系时所持的根本立场、观点和态度的综合，是一个人思想意识的核心。价值观决定着人们用什么样的心态和旨意去开创自己的新生活，对于人类的生活具有根本性的导引意

① 郑晋鸣, 江苏省南京市：教育叩响现代化之门[N]. 光明日报, 2010-12-29.

义。青少年时期是青少年价值观形成的关键时期，在该时期进行健康的价值观教育无疑具有重要作用。

正如前文所述，诚信缺失、暴力冲突、行贿受贿等不文明行为逐渐渗透到体育运动中来，不仅与体育本身的宗旨相悖谬，严重制约奥林匹克运动的发展，更严重危害青少年身心的健康发展。由于青少年的价值观念尚未正确地建构起来，很容易受到这些不良因素的影响而走向偏执、扭曲的价值层面。体育运动为我们提供了一种新的且有效的教化途径，并且通过搭建这种亲身参与、亲自体验的互动式平台，重新建构和唤醒青少年的主体意识，为青少年价值观的塑造开辟了一条崭新的捷径。很明显，这种价值观体系与奥林匹克运动所要追求的目标宗旨高度一致。现代奥林匹克运动在创立之初，就以体育与教育结合为手段，通过奥林匹克主义的身心哲学来指导青年建立一种身心和谐发展的生活态度。

青奥会的参赛选手和面向对象大都处于14—18岁，正是接受价值观教育的理想年龄。在诸如追求卓越、分享友谊、相互尊重、保护环境等价值观之外，还应了解其他重要问题：健康生活方式的益处、兴奋剂的危险性以及作为体育大使和榜样教育等。青奥会的主题就在于学习和分享。它能够作为一面镜子，发挥它强大的理性力量，通过亲力亲为的方式和平台警策、教育人们要继承和发扬奥林匹克精神，弘扬体育道德，塑造真善美的体育形象，创建体育文明。这有助于青少年价值观的形成和完善，而多元的价值观体系正是当代青少年需要认真思考和努力的方向。

近年来，国际奥委会在已有奥林匹克理想、奥林匹克精神等思想体系的基础上，又提出奥林匹克核心价值观的理念，把奥林匹克的核心要义归纳凝练为“尊重、卓越、友谊（Respect，Excellence，Friendship）”，以便于更好地记忆和传播，并在全球面向青少年推广奥林匹克价值观教育计划（The Olympic Values Education Program），这也是国际奥委会青年战略的重要组成部分。对青少年而言，传统的价值观教育用一种人文主义的价值取向，引导青少年用正确的标准来看待社会、人生以及自己的生活、生命，教育他们正确看待社会的作用和认识人生的意义，正确理解生命的价值，懂得关注自己的灵魂，形成坚定信仰，具有健全的人文精神并养成自己的关爱情怀，学会过现代文明生活。这和推广奥林匹克价值观教育计划的宗旨是不谋而合的。

青奥教育为当代青少年价值观的建立注入了新和动力和内涵，也为青少年素质教育的实施开辟了新的思路和实施方式。南京作为一座教育之城、青春之城，借青奥会契机在青少年价值观教育上理应有所作为。

（二）青奥会教育价值表现形态分类

1. 身心统一、和谐发展的生命观

（1）健康的生活方式。

生活方式对一个人的身心健康至关重要。健康的生活方式，包含众多内容。如合理安排膳食、保持适当运动、杜绝不良习惯、保持平和心态、倡导绿色生活、学习健康知识等等。在过去的一个世纪里，由于不健康的生活方式所导致的各种身心疾病，严重危害着人们的生命和健康。身体健康、心理健康、社会适应良好的多元健康观已经得到人们的认可，体育与教育相结合也成为体育为促进青年教育的有力方式。有研究表明，年青一代对于奥运会的热情正在减弱；相较于参与体育运动，当今的年轻人对于电视、网络游戏的兴趣更浓。因此，青奥会对于青少年的意义正在于把他们从对网络和电视的关注重新转移到体育运动中来，以激发广大青少年参与运动、参与奥运的激情，青奥会提倡的文教活动丰富多彩、内容广泛。兴趣各异的青少年都可以在其中找到自己的爱好所在。这样，不仅扩大青奥会在青少年群体中的感召力和影响力，更通过亲力亲为、广泛参与的活动形式，把青少年的兴趣从网络和电视上转移到体育运动中来，以期形成健康的生活方式。

（2）身心和谐发展。

社会的和谐发展首先需要和谐发展的个人。青奥会的目标之一就是致力于培养身心和谐的青年，为奥林匹克运动可持续发展提供生力军。而身心和谐指的是个人作为自然人在生理和心理方面均处于一种健康的状态。事实上，早在公元前城邦奴隶制处于鼎盛时期的古希腊，先哲们就用各种不同方式来倡导身体和心灵和谐发展的重要理念。现代奥运会初创时期，顾拜旦先生亦提议在奥运会上设置艺术比赛，其目的就是要使中世纪以来长期处于分裂状态的身心重新结合起来。青奥会文化与教育活动所涵盖的各种论坛、体验等都是促进精神文明发展的重要手段，在培养兴趣、陶冶情操等方面具有非常重要的作用，使青少年的精神得到升华，从而促进青少年在身心两个方面协调发展。南京青奥会的教育价值应首要在身心一统、和谐发展的生命观上有所贡献和发展。这是青少年价值观教育的重心，也是最基础、最核心的生命状态。

2. 甘于奉献、追求卓越的人生观

（1）弘扬志愿精神。

志愿精神可以用以下词语进行概括：奉献、友爱、互助、进步。其核心是服务、团结的理想和共同使这个世界变得更加美好的信念。从人类文明发展的历史来看，志愿服务几乎是每个文明社会不可缺少的一部分，是任何人自愿贡献个人时间和精力，在不为物质报酬的前提下，为推动人类发展、社会进步和社会福利事业而提供服务的活动。社会各行各业都需要志愿精神。这是一种人类美德，在精神文明的建设中发挥着不可估量的重要作用。而服务国际大型赛事，更能为志愿精神的弘扬提供一个有力平台和实施环境。而对志愿者来说，一方面能提高语言的运用能力，另一方面参与比赛本身比当观众更有意义。南京青奥会的志愿者们能够在参与青奥的过程中，身体力行地去推广奥林匹克精神，与各国志愿者共同努力服务比赛，是一份既难忘又珍贵的经历，也将为他们今后的人生之路增添难以磨灭的宝贵记忆。

（2）顽强拼搏进取。

拼搏进取、追求卓越是对人本质的弘扬和价值的升华。青少年是社会中思想最活跃、行动最敏捷的社会群体。他们不保守，敢爱敢恨。这一特殊群体有着极强的可塑性和模仿力，他们羡慕英雄、崇拜英雄，并且渴望成为英雄。而现代奥林匹克运动正是紧紧地抓住这一点，在青少年群体中开展优秀榜样的示范作用，奥运会也好，青奥会也好，都力图给全世界的青少年提供奥林匹克选手的榜样价值。这些同龄人当中的佼佼者，是通过自己的不断拼搏、顽强进取，从而在比赛中取得优异成绩的。同时，他们中的一些人在赛场之外同样也是广大青少年模仿的偶像。青奥会通过与冠军面对面、与优秀运动员沟通、与青奥大使交流等方式来教育青少年，使他们得到与偶像面对面沟通和交流的机会。优秀榜样不畏艰难、不怕挫折的顽强拼搏精神成为激励广大青少年的巨大精神力量。当然，拼搏进取、追求卓越绝不等于追求名利。青奥会提倡的教育理念是在智慧和勤奋的基石上，对生活态度的弘扬，是用辛勤的汗水和付出来焕发生命的光彩，从而折射出生命的璀璨。

3. 公平竞争、民主平等的道德观

（1）公平公正公开。

公平、公正、公开是现实社会中一个最基本的原则，也是在许多方面很难做到的一个原则。奥运会的体育竞技在这个方面率先为人们做出了一个表率。竞技比赛有一个基本前提，那就是公平竞争。比赛规则面前人人平等，只有在公平的基础上竞争才有存在的意义，各国运动员才能保持和加强团结、友谊的关系，奥林匹克运动才能实现它神圣的目标；青奥会注重新媒体的运用，通过电视、广播、网络等一切现代化的媒体手段，向全世界数十亿观众直播，临场发挥、参赛情况、文教交流一目了然，这是公开；参赛运动员凭借自身的实力赢得比赛，夺取奖牌，依靠自己的文化素养和教育基础参与交流活动，呈现出一种“绿色”的交流环境，这是公正。公平公正公开的伦理道德不仅是竞技运动赖以存在的基础，也是当今社会得以健康发展的重要前提。

（2）推崇榜样教育。

青奥会的面向对象是14—18岁的青少年，这是社会中思想最活跃同时也是思想最不稳定的群体，可塑性极强。他们崇拜英雄，乐意去模仿英雄，当然，不正确的偶像崇拜观也会导致反面后果。青奥会在这方面作出独特表率。由青奥会比赛项目所属的国际单项联合会与国际奥委会运动员委员会共同推选产生优秀运动员榜样，如波波夫、邓亚萍、郭晶晶等，他们不仅是杰出运动员，也是具有感召力的人士。通过在赛会期间深入青少年群体之中开展深层互动，分享如何面对失败、承受压力、解决问题，让青少年取得教育效果。青少年从他们身上不仅学到很多如何成为优秀运动员的知识，更可以认识奥林匹克价值的深层次内涵，进而对自身价值观产生积极影响。

4. 团结友爱、尊崇友谊的交往观

（1）加强相互交往。

青奥会在击剑、铁人三项、柔道等项目中新设国家和地区混合组队参赛，体现了国际奥委会的良苦用心。游泳比赛设置了男女混合队，亦为比赛增添了不少乐趣，加强了运动员之间的相互交流。青奥会虽然在赛事程序、比赛气氛等许多方面和奥运会类似，但国际奥委会更期望青奥会能够成为全世界青少年相互交流与学习的平台，帮助他们感受奥林匹克精神与价值。奥林匹克教育“北京模式”的“同心结”结对交流活动，值得借鉴和研究。北京市210所学校与204个国家或地区奥委会（NOC）、160个国家或地区残奥委会（NPC）结对联系。赛前开展与结对学校的交流活动；赛时师生代表参加为结对代表团举行的奥运村升旗仪式，通过加油助威、邀请参观、开展联谊等方式，为运动员创造宾至如归的氛围。这项活动充分体现了奥林匹克精神，拓展了青少年学生的全球视野，增进了中国青少年与世界各地青少年的友谊，为奥运会营造了良好的人文氛围。南京青奥会的加强交往、结对交流应在已有基础上进一步丰富和凝练。

（2）友谊地久天长。

现代奥林匹克运动发展到今天，规模和影响已不可同日而语。人们对奥运会的兴趣焦点往往集中在竞技比赛上，而对比赛之外的活动关注不够，运动员之间的友谊正遭遇严重挑战。近年来，奥林匹克价值观以尊重、卓越与友谊的简洁词语进行归纳，将友谊再次提到非常重要的位置。赛场上，运动员奋力拼搏，为创造优异比赛成绩而全力以赴；赛场下，分享各自训练成果，交流生活体验。奥林匹克运动最高目标，是要通过体育活动的手段，把世界上不同国度、不同种族、不同语言、不同宗教信仰的人凝聚在一起，使大家相互交往，增进了解、尊崇友谊，进而达到世界的团结、和平、进步的目的。顾拜旦在《体育颂》的结尾大声疾呼："啊！体育……你在各民族间建立愉快的联系，使全世界的青年会互相尊重和学习，使不同的民族特质成为高尚而和平的动力。"①而青奥会在促进交往、分享友谊的教育价值层面无疑将起到更加突出和重要的作用。

5. 乐观自信、求同存异的生活观

（1）乐观的生活态度。

奥林匹克是一种生活态度。奥林匹克精神强调人通过自我锻炼、自我参与而拥有健康的体魄、乐观的精神和对美好生活的热爱与追求。这种乐观积极的生活态度是我们拥有完全自信和战胜一切挑战强大动力。奥林匹克也是一种人生哲学。它提倡将身心和精神方面的各种品质均衡地结合起来，并使之得到提高。奥林匹克将体育运动与文化和教育融为一体，使人们身体与心灵、精神与品质得到完满的和谐，使人类的潜能与美德得到充分的开发。它是迄今为止人类最优良、最完善的生活哲学。青奥会的创立为现代奥林匹克精神的本质回归树立了典范和样板。乐观、自信和开朗是一种个人的性格品质，也是青年应该具有的生活态度，不同肤色、不同地域、不同国家的青少年汇集南京，交流各自的生活习惯、教育背景和习得知识，在与不同青年人的交往中逐渐形成一种乐观积极、自信开朗的生活观，这是每位青年应该追求和努力的方向。

① 熊斗寅. 顾拜旦和他的不朽诗篇《体育颂》[M]. 北京:人民体育出版社, 2007.

（2）共享多元文化。

奥林匹克运动是国际性的运动，青奥会作为世界青少年大聚会，首先遇到的问题就是各种社会背景的差异。来自世界各地的运动员、教练员、工作人员和大量的观众，有不同的肤色、不同的生活方式、不同的宗教信仰，呈现出鲜明的文化差异。文化差异处理不妥，就可能产生文化摩擦甚至冲突。而奥林匹克弘扬普适价值观，提倡分享多元文化，使差异成为青少年互相学习的动力，而不是互相轻视的诱因。奥林匹克精神强调相互了解、友谊和团结，在由此而形成的青奥氛围中，参与者打破各自狭窄的眼界去认识和理解自己民族以外的事物，以比较客观和公正的态度去看待别人和自己，虚心地吸取其他文化的优秀成分，兼容并包，从而使奥林匹克运动所提倡的国际交流得以真正实现。奥林匹克运动历经百年沧桑之所以能成功，原因之一就是它能对多元文化兼容和尊重，南京青奥会的教育价值在这方面应有进一步的发展和完善。

就赛事的本质属性而言，青奥会比奥运会更为重视奥林匹克教育，因此，南京青奥会的奥林匹克教育应该有更大的发展空间，但同时任务也将比北京奥运会更为艰巨。目前，南京青奥会的筹备工作已全面展开，我们应该继续深入研究青奥会的相关理论和实践，虚心借鉴和吸收已有奥林匹克教育的成功经验，在精心谋划办赛模式和文教活动的同时，本着“办青奥、为青年，促发展、留遗产”的理念，把出发点和落脚点回归到青年教育上来。我们有理由相信，2014年在南京举办的青奥会，将对北京奥运会的奥林匹克教育形成一种强有力的促进态势，促进奥林匹克教育在中国更为广阔的空间内进一步发展。

四、青奥会与江苏省学校体育教育的关系

（一）教育目标

1. 青奥会的教育目标

青奥会宗旨为：聚集世界范围内所有具有天赋的青年运动员——

参赛选手的年龄应在14岁到18岁之间——以组织一项具有高度竞技水平的赛事。此外，还应该在奥林匹克精神方面成为一项具有教育意义的项目，让青年们从运动中收获健康的生活方式。[①]青奥会目标为：①将全世界的青年运动员们都集合起来，并为他们而欢庆。②用一种独特而有力的方式来推广奥林匹克精神。③以一种创新的形式激发关于奥林匹克精神和社会挑战的教育和讨论。④在节日般融洽欢快的气氛中分享世界各地的文化。⑤向世界各地的不同青年团体推广奥林匹克精神。⑥在年轻人之间提升体育运动意识和参与感。⑦在奥林匹克发展运动中成为一个创新的平台。⑧成为能代表国际最高运动水平的赛事之一。[②]

2. 学校体育的教育目标

学校体育的教育目标是：有效地增进学生的健康；使学生能较为熟练地掌握和应用基本的体育与健康知识和运动技能；形成运动的兴趣、爱好和坚持锻炼的习惯；培养和形成良好的心理品质，提高人际交往的能力与合作精神；提高对个人健康和群体健康的责任感，形成健康的生活方式；形成积极进取、乐观开朗的生活态度；提高少数学生的运动技术水平；培养学生"终身体育"观念。"终身体育"是指一个人终身进行身体锻炼和接受体育教育。学校体育教育应立足于现实，着眼于未来，使学生不仅在学生时代，而且在走入社会后，在任何时候、任何条件下都能够独立自主地从事体育锻炼，并养成良好的体育锻炼习惯。因此，学校体育教育应让学生懂得体育是人类生存和发展过程中所必需的，明确体育是提高民族素质的重要手段，将课堂体育教学与课外体育活动相结合，充分利用体育课堂所学到的体育知识、技术和技能，开辟第二课堂，组织体育俱乐部和单项体育协会等，发展学生的兴趣，培养锻炼身体的能力和习惯，以保持体育教育的连续性、长期性，从而为"终身体育"奠定良好的基础。

---

① 左欣. 青奥会人文教育价值对于校园文化影响研究[J]. 南京体育学院学报:自然科学版, 2010, 3: 140.

② 程杰. 论体育与人的全面发展和人文精神塑造[J]. 南京体育学院学报:社会科学版, 2009, 23(3):69–71.

（二）教育内容

1. 青奥会的教育内容

教育是青奥会的灵魂和宗旨。青奥会是以青少年为对象，以运动会为平台，以运动竞赛为手段，以城市为载体，通过运动员之间的比赛、交流、互动来实现推广奥林匹克价值观，传播奥林匹克文化，推广体育伦理道德，开展生活方式教育的大型体育活动。

青奥会的创办是奥林匹克改革的延续和发展，延续了古奥运以来的一贯价值理念，在奥林匹克运动发展中的“理念逻辑线”贯穿了从古奥运、现代奥运会乃至青奥会的自始至终，实则一脉相承。如今世界范围内的大型运动会令人目不暇接，各大洲、各国家、各地区针对不同群体的综合性运动会更是如同雨后春笋，比比皆是。但是唯有奥林匹克运动范畴内的奥运会才能吸引如此众多的目光，成为国际间的首要赛事，其中有一个原因就是其他的运动会仅是单纯的体育竞技，皆没有价值理念和哲学基础。而奥运会不同，奥林匹克思想体系贯穿了奥运会的发展，青奥会延续着这样的传统，强调以文化的身份来参与事物，通过比赛的形式，来实现奥林匹克运动的崇高理想。青奥会、奥运会和其他运动会、锦标赛最大的区别就是理想主义的存在，正如国际奥委会主席罗格所说：“青奥会当然要有比赛，但是我们主要的目标不是赛事，而是教育，我们希望通过这个运动会，让青少年学习奥运会的理念，比如友谊和平、反对使用兴奋剂等。”

按照国际奥委会对青奥会的初步定义和新加坡举办首届青奥会的办会实践，青奥会更接近奥林匹克理想，是传承、传播奥林匹克精神，推广奥林匹克价值观的又一创新方式和舞台，是对奥林匹克运动教育价值和文化价值的再次论证，是对奥林匹克运动强调沟通、理解、交流、合作的再次强调，是对奥林匹克运动促进世界和平、和谐、和睦意义的再次寄托，也是对人类人格、人性的积极传承。

奥林匹克运动通过自身的价值体系，吸引着越来越多的成员，逐步发展壮大。在诸如和平竞争、平等竞争的舞台上，国家没有大小、没有强弱；运动员不分种族，不分语言，在统一的规则和约束下参与竞争，都是奥林匹克大家庭的一员。试想，全世界的人都参与进来，这不就是一个没有战争、没有贫穷、没有歧视的人类理想社会了吗？奥林匹克要做到这一点，正是选择了“体育+文化+教育”的途径。①

2. 学校体育的教育内容

目前我国学校体育教育的指导思想，是从增强学生体质出发，把传授体育的基本知识、技术、技能同锻炼身体统一协调起来，并且将思想品德教育贯穿于体育教育的全过程。教学大纲和课程标准由国家教育部统一制定并颁布实施。

最新的教学大纲和课程标准建立起综合分类的方法，教学内容有较大的弹性，注重体育教材的科学性和实效性，以更好地完成体育教学多元化的学习目标。中小学体育教学内容有三个特点：一是教材内容按学生不同年龄段的生理、心理特点安排；二是教材内容与体质健康标准相结合；三是体育与卫生保健教育相结合。国家教育部对高校体育指导纲要规定，体育课是一门基础课，在大学一、二年级是必修课，不得免修，考试不及格不能毕业。课的内容和方法视学生的具体情况而定。我国学校体育教学大纲有一大特点，就是制定了较为完善的体育课考核和评价办法。②

（三）教育手段

（1）享受比赛——淡化竞技色彩、提倡分享快乐。

罗格主席认为：青奥运会应该旨在让更多的青少年接触并体验奥林匹克，而不是鼓励青少年为了名次你争我夺；青年奥运会将保护14—18岁的竞赛者的身心健康发展。青年奥运会将是一段持续的教育时间，慢慢地向青少年灌输奥运价值，并向他们不断强调健康生活、健康

① 王成. 青奥会理想追寻与价值回归 [D]. 南京:南京师范大学, 2012:107-108.

② 曾怀光. 中、美、日学校体育教育的比较分析 [J]. 广东教育学院学报, 2006, 8:96.

社会、健康体魄以及纯洁比赛的重要性。[①]

（2）手足情谊——弱化国家身份、宣扬普世理念。

青奥会试图将这一思想发挥极致。罗格曾坦言："比赛期间不升国旗、不奏国歌，取而代之的是升奥林匹克会旗、奏奥林匹克会歌，通过这种仪式来宣扬和提倡顾拜旦的基本观念——手足情谊。"在新加坡青奥会上，我们也看到了这种努力和尝试。[②]

（3）文教活动：引导持久。

我国的学校体育教学是以学生为中心，教师通过一些直观和间接的教学手段，让学生形成视觉表象，并经过模仿练习来掌握动作之后，教师对其进行综合评价。为达到体育教学目的而采取各种形式讲解与示范的教学措施都可看作体育教学手段。在体育教学信息的传递过程中，或以人体自身作为媒体，或以教学设施作为媒体，我们以是否借助外力或教学设备作为媒体将体育教学手段分为基本教学手段与辅助教学手段。在体育教学手段中所利用的教学设施，通常被称为教学媒体，包括模型、挂图、幻灯、电影、计算机等设施。[③]

（四）教育模式

1. 青奥会的教育模式

青奥会从体育、文化、教育三方面入手，在奥运会的基础上更进一步、更深一层，结合奥林匹克运动发展现状，针对相关改革情形，在专门针对青少年的健康状态和生活方式，提出了"运动——快乐"（体育作为一种生活方式）和"分享本身，让体育回归了最初的宗旨要义"。[④]因此，"青奥会何为"可以概括为以下两个方面：

① 王成. 青奥会理想追寻与价值回归 [D]. 南京:南京师范大学, 2012:142.

② 王成. 青奥会理想追寻与价值回归 [D]. 南京:南京师范大学, 2012:142.

③ 李笋南,等. 对体育教学手段的本质、内涵及特征的再认识 [J]. 南京:南京师范大学, 2010:79.

④ 现如今，我们对体育的功能、价值等问题的看法越来越宽泛，对体育附加了很多诸如文化、政治、经济等外在的东西，而恰恰忽略了体育最为本质的内涵——强身、健体、快乐生活、健康方式等，因此，青奥会的意义就在于重提体育的原本要义，就是通过运动，分享快乐，过一种富有朝气、活力的生活。

①通过青奥会鲜明的青年主题，促进奥林匹克运动可持续发展。

②通过青奥会特殊身心教育方式，促进奥林匹教育目标的实现。

通过开展与奥林匹克主义及其价值观相一致的体育运动来教育青年，从而为建立一个和平而美好的世界作出贡献。对青少年进行奥林匹克教育也是国际奥委会创立青奥会的初衷。

教育是青奥会的灵魂和宗旨。

“双重”的教育与文化计划，以进一步推动奥林匹克运动更加直接地面向青年人，如奥林匹克价值教育计划等。青奥会这种特殊的身心教育方式，融合了一系列丰富多彩的教育和文化以及体育活动。从而促进奥林匹克教育目标的最终实现，完成启蒙和教育青少年的伟大历史使命。[①]

2. 学校体育的教育模式

20世纪90年代以来，体育教学模式的研究呈现出由单一的教学模式向多样化方向发展、多种模式并存趋势。不同的教学模式相互争长、借鉴、补充，发挥着各自特有的功能，为教学实践提供了选择教学模式的广阔余地。从教学模式研究的成果看，都具有鲜明的个性、操作性、开放性、优效性。而体育教学模式的指向性的特点包括：按蕴含现代教育理论模式，突出体育教育的思想内涵；按体育教学目标模式，只要解决某次课或某类课程所追求的目标；按体育教学方法模式，其着眼点是通过方法的运用解决教学过程的策略，从而提高体育教学的有效性和效率问题；按教学组织模式，着眼从教学的结构研究体育教学的最优化问题；按课的类型模式，更利于从把体育教学模式组合应用于该类课程的教学之中。因此，体育教学模式的指向性是我们结合体育教学思想内涵、目标、方法、组织、类型等进行实际应用的体现。教师在体育教学实践中，只有综合运用这些教学模式才能充分地发挥各个模式的教学功能，满足来自学生、社会和教学内容三个方面不同的需求。综合运用体育教学模式的研究成果，构建符合各自

① 王成. 青奥会理想追寻与价值回归 [D]. 南京:南京师范大学, 2012:100-110.

教学需要的体育教学模式。①

五、青奥会与江苏省学校体育的和谐发展

（一）青奥会与江苏省学校体育和谐发展的条件和可能性

1. 南京——人文之都与青奥文化相交融

南京被誉为“六朝古都”“十朝都会”，与西安、北京、洛阳并称“中国四大古都”。自古以来，南京孕育了自己风格独特的地域文化。南京经历了古代文明到现代文明的沧桑巨变，见证了中华民族的兴衰荣辱，承载了新中国成立至改革开放以来的辉煌业绩。600 年前伟大的航海家郑和率领舰队从南京起锚，开始了壮丽的七下西洋之旅，遍访亚非 30 多个国家和地区。他的“走出去”将南京这座城市与世界紧密地联系在一起。600 多年后，2014 年第 2 届夏季青少年奥运会的承办，又一次将南京这座城市与世界紧密联系在一起。这座博爱之城正在以“请进来”的姿态向世界展示人文之都的魅力 。南京作为中国文化与外国文化的交融处，是中国与世界交流的重要窗口和地处中国南北交会之处的通衢重镇，时刻准备接纳来自五湖四海的人群和文化，形成了“宽容、热情”的城市形象和“开明、质朴诚实、博爱博雅、创业创新”的市民形象，南京正在以博爱的精神致力国际友好、共筑和谐世界。②

近年来，我国民族艺术海外交流越来越频繁。“中国文化年”不断取得轰动效应，使人们进一步认识到文化活动可以容纳更多的政治、社会、经济的信息。同样南京青奥会应该是一个开放、合作的青少年体育盛会，通过加强与海外各种文化集团、机构和组织的合作来进行，让世界文化在南京得以融合，让世界了解中国文化、南京文化，同时也让中国了解世界各族文化，实现世界各民族文化的大展现、大交流，以东道

① 邹师. 体育教学模式分类及其应用研究[J]. 成都体育学院学报, 2001, 3:31-32.

② 王凯. 耦合性：探究南京承办 2014 年“青奥会”的成功之道[J]. 南京体育学院学报:社会科学版, 2010, 24(1):29-33.

主国家独特的风情和地域特色文化，彰显每届青奥会的与众不同，向世界展示南京面向世界、融入世界的个性一面。南京的文化契合了青奥会“文化”沟通的理想，借助青奥会，南京文化与西方文明将相互渗透，东方古韵与西方价值相互碰撞融合。[①]

2. 江苏学校体育与青奥文化相契合

学校是青少年进行全面发展教育的主要场所。学校体育是学校教育的重要组成部分，它与德育、智育、美育和劳育共同构成了教育的内容，是为社会培养全面发展的建设人才不可或缺的因素。学校体育既是发展竞技体育的关键，又是全民体育的基础，是带动整个体育事业健康发展的战略重点。当今，江苏作为一个教育大省和体育强省，顺应全国教育改革的潮流，不断深化学校体育改革的实践，在全省范围内大力推行素质教育。传统意义上的学校体育必然受到强烈的撞击，以健康为理念、以人为本、注重人的可持续发展将是江苏学校体育教学改革的重点内容。这与青奥会关注青少年群体的健康成长，倡扬青少年养成健康的生活方式，成为一个真正具有体育精神的人的理念有着天然的契合。

（1）以青少年为主体，注重增进身心健康。

青奥会是一项专门为年轻人设立的体育赛事，参赛主体是14—18岁具有运动天赋的青年运动员。国际奥委会创立青年奥运会的初衷就是给全世界的青少年投以更多关注的目光，让其积极参与到奥林匹克运动中来。可以说，青奥会正是为全世界的青少年而生。奥林匹克官方网站中的“青奥会专题”（YOG）对于青奥会参赛选手的第一条规定则是: 参加青奥会的运动员年龄必须在 14—18 岁，比赛年龄组依次分为 14—15 /15—16 /17—18 这三组别。[②]从中我们不难发现，参加青奥会比赛的选手除了“运动员”这个角色外，他们还有一个共同的身

① 顾韶勇. 南京承办 2014 年青奥会的优势与青奥理念的融合[J]. 南京体育学院学报:社会科学版, 2011, 10(1):15-16.

② 郭晴, 王宏江, 余婷婷, 等. 北京奥运背景下的中国国家形象研究[J]. 体育科学, 2009(8):3-11.

份，那就是青少年学生（多是中学生），青少年是奥林匹克运动的天然主体。青奥会是为世界青年展现梦想、展现自我作出的贡献。从这个意义上说，青奥会有着更为光明的前途。4 年后的南京青奥会也必将吸引更多青少年的关注和参与。同时，作为一项全球性的青少年体育盛会，青奥会将在无形中带动广大青少年参与到体育运动中来，这无疑会在很大程度上增强青少年体质，增进青少年的身心健康，扭转和改善其体质普遍下降的局面。学校体育的教育对象为广大在校学生。其中，剔除接受高等教育的大学生、研究生和接受基础教育的儿童，其他多为青少年。可以说，学校体育也是以在校青少年学生为主体教育对象。而新一轮的体育课程改革中强调以学生为主体，重视学生的主体地位，遵循个体差异，帮助学生学会学习，这无疑与青奥会的参与主体达成了天然的契合。我国学者潘绍伟教授在其主编的第二版《学校体育学》中明确提出："学校体育课程改革强调以学生发展为中心，重视学生的心理感受和情感体验，努力使学生将体育学习和活动作为自己的内部需要，并产生强烈的求知欲望和探究精神，从而提高体育学习和活动能力。"[①]立足江苏实际，青少年体育事业取得了很大成绩，其营养水平和形态发育水平不断提高，有力地提升了全省国民健康素质水平，但学校体育还存在一些突出的问题：由于受片面追求升学率的影响，学校普遍重智育、轻体育；学校体育教育投入偏少，有些学校的体育场地器材设施还不能完全满足体育锻炼的需求；体育师资配备不足，青少年耐力、力量、速度等指标下降，影响青少年的健康成长，这些严重制约了青少年人才的培养质量。针对这一情况，江苏省人民政府贯彻落实《中共中央国务院关于加强青少年体育增强青少年体质的意见》精神，于 2008 年向全省下达了《中共江苏省委江苏省人民政府关于切实加强青少年体育增强青少年体质的意见》（以下简称《意见》）。《意见》明确提出，要努力开创江苏省青少年体育工作的新局面。最新一期的学生体质健康调研结果表明，江苏省学生

① 王成. 追寻体育的真义：2014 年南京青奥会的探索与期待——张之沧、王守仁教授访谈录[J]. 体育与科学, 2010(2):16-19.

的身体状况总体较好，但也呈现出部分体能素质持续下降的趋势。对此，江苏省体育局在加强青少年体育、增强青少年体质方面做了大量工作，出台了“十送体育”“万名教师培训工程”和《关于深化教体结合努力培养体育后备人才的意见》等政策，以进一步增强青少年体质健康，增进其身心健康发展。①

（2）以人为本，注重人的全面发展，倡导一种健康的生活方式。

青奥会着眼于青少年的文教特点专门制定了文化教育计划（ECP），包括奥运价值观、健康生活方式、反对使用毒品、社会责任、借助数字媒体表达5方面的主题内容，为青少年提供了模仿的榜样，开展互动和论坛并选聘著名冠军和来自文化、教育等领域的国际专家。他们以自己丰富的经验直接指导年轻运动员如何处理社会问题。根据国际奥委会的设想，南京夏季青奥会文化教育计划将充分体现青年特色，融知识性、趣味性、互动性于一体，利用新媒体对世界青年的影响力，让参与者在“学习、责任、快乐、成长”等方面都有所收获，2014年青奥会将成为青年教育以及东西方文化沟通与交流的舞台，吸引世界青年广泛参与，并让他们在发挥体育竞技才能之余，接受各种文教活动所赋予的知识、启迪，使其终身受益、成为全面发展的人。另外，在项目设置上，“首届青奥会与奥运会不同的是所设小项和赛制有所创新，如3对3街头篮球，游泳男女混双接力、径赛异程接力由不同国籍的选手组队参赛等”。②青奥会尝试新的赛制，众多项目时间变短、趣味性增强，这一点也充分体现了奥组委对于青少年身心特点的周到考虑和注重以人为本的人文关怀。③

（二）青奥会与江苏省学校体育和谐发展的理论依据

教育是青奥会创立发展的初衷和要旨。奥林匹克运动是一种培养青

① 方千华，翁兴和，汪焱．现代奥林匹克与高等教育互动发展的实证研究——基于北京高校参与奥运的调查与启示[J]．体育科学，2010(2):55-63.

② 冯霞，尹博．中国学校体育与现代奥林匹克运动的文化对接[J]．体育学刊，2004(11):4-6.

③ 丁兆熊．南京青奥会与江苏学校体育的互动研究[J].南京体育学院学报:社会科学版，2010，12(1):27-32.

少年学会尊重和宽容的教育运动，是一种鼓励青少年树立自信和信仰的教育运动，激发青少年勇于奋斗，敢于创新、追求卓越。对于奥林匹克运动的宗旨，《奥林匹克宪章》中有明确表述：奥林匹克运动旨在通过没有任何歧视、具有奥林匹克精神——以友谊、团结和公平的精神互相了解——的体育运动来教育青年，从而为建立一个和平而美好的世界作出贡献。现代奥林匹克运动在百余年的发展历程中取得巨大成就的同时，也呈现出一系列不和谐现象，衍生出诸如诚信缺失、健康下降、暴力冲突、行贿受贿等与体育本身的宗旨相悖谬的不文明行为，严重制约了奥林匹克运动的发展。过度商业化操作、兴奋剂屡禁不止，以及众多在青少年中萌发的不良现象诸如网络电视成瘾、肥胖症多发、过度训练等，一度使奥林匹克的生命力遭遇严重威胁，发展宗旨面临偏离。国际奥委会审时度势，积极酝酿并促成这项新的教育赛事，希望为世界青少年教育开设一条有力途径，并以此为平台，期待奥林匹克精神本质回归。如果说奥林匹克教育以往是由奥运会的举行来展开实施，那么现在，青奥会则应该承担奥林匹克教育更加神圣而重要的责任。早在青奥会创立之初，国际奥委会罗格主席就明确指出：青年奥运会绝非一个小型的奥运会，主要目的是帮助青年人能够接受到奥林匹克价值观的教育：友谊、公平竞赛和反对任何兴奋剂行为。为便于被人们接受和牢记，近年来国际奥委会又把奥林匹克价值观归纳为“Friendship，Excellence，Respect”（友谊、卓越、尊重），其目的就是希望通过体育与教育结合的方式，在青少年群体中弘扬奥林匹克的普世价值观，以达到教育青年的目的。2009 年第 13 届奥林匹克代表大会在“OLYMPIC AND YOUTH”议题中就曾指出，要教育青少年远离毒品，培养他们健康的生活方式，不要过度训练。新加坡青奥会秉承青奥发展目标，围绕教育核心理念，设计了很多富有创新的文教活动，取得了良好效果，也赢得了肯定。罗格主席对青奥会的未来发展充满信心。他表示新加坡青奥会的成功举办，将为青奥会未来发展和继续实现办赛理念打下坚实基础。

（三）青奥会与学校体育存异求同的和谐发展

两者的存异求同前提是在横向和纵向上把握时代的变化，青奥会与学校体育在各自发展的过程中，两者是否相互理解、相互尊重、相互宽容、相互补充；与两者总的发展需要相适应。

文化融通是遵循时代的必然。文化是人类在不同的历史形成过程中创造、积淀的产物，时代性促使了事物发展的动态性。在全球一体化的今天，文化趋于一致成为了可能，体育文化就是明显的见证。虽然中西体育文化存在着巨大的差异，但并不能确定他们的优劣。马克思唯物主义中“一分为二”观点认为：物质没有绝对的统一，只有相对的统一。这与中国哲学细想中“天人合一”中的观点不谋而合，看待事物要以辩证观点去看。从文化角度来看，也就是说世界上没有绝对封闭的文化，不存在一成不变的文化，这也为文化差异的互补、融通提供了依据。

随着人类文明的进步和社会的发展，体育文化独立发展或孤立存在。中西方体育文化必将沿着各自发展规律、轨道继续前进，经历着传统与外来、封闭与开放、继承与革新、单一与多元等多方面的矛盾。西方现代体育正以其科学性和合理性向中国传统体育进行渗透。而中国体育是一种动态和富有创新变化的文化形态，也将跟随时代的价值观念、思维模式和行为方式对西方体育活动方式进行加工改造并且有选择地吸收，并逐步完善现代奥林匹克体育。中西体育文化两个不同的价值形态张力并没有一直保持着对立的状态。而是在相互作用的过程中，不断地配合与协调，成为一种新的文化形态，达成一种和谐的文化态势。而且需要注意的是，这里的配合并不是要达到文化的融合，是平衡，而不是静止。[①]和谐本身就包含着差异和对立，它不是单纯的同一。[②]人们对不同民族和地域的体育文化认识也将越来越

① 胡勇刚. 中西体育文化的差异及深层意蕴下的竞技观[J]. 武汉体育学院学报, 2009, 7.

② 宋小荣. 论全球化时代中西体育文化价值冲突的形式及意蕴[J]. 体育与科学. 2005, 26(2): 26-32.

深刻。中西体育哲学的相通之处使得青奥会和学校体育的融通成为可能，两者也将以不同视角为对方提供借鉴。而中西体育文化也将取长补短，达到共同繁荣。

中国的体育思想缺少科学的实证，而西方的体育思想则缺少人文和科学的综合。[①]作为体育思想，东方的人文观和西方的科学观却有互补的必要，也确实有互相融合的可能。[②]可人文和科学相结合的思想也正是学校体育思想的发展脉络，有利于学校体育从竞技体系中摆脱出来，促进人身心全面发展。从世界发展的动态来看，东西方的体育项目正在全球得到渗透。在体育思想方面，东方的人文观和西方的科学观也正在融合。这种发展趋势对学校体育思想的完善正起着重大的影响。[③]这两者的结合也是学校体育和青奥会的发展脉络，也是时代发展需求。

① http://www.sport.gov.cn/n16/n1152/n2463/127265.html.

② 李泠君. 中国当代体育观念形成的初步探究[J]. 科技信息, 2009, 28.

③ 陈峰, 陈尚忍, 等. 中西方体育思想的震荡与中国学校体育发展的走向[J]. 南平师专学报, 2001, 2.

第七章 结 论

通过对奥林匹克教育价值及当前中小学体育教育中某些违背了教育价值的现象和原因剖析，诠释了我国中小学实现奥林匹克教育价值的有益启示，得出如下结论。

（1）奥林匹克教育价值，是指奥运主体（人）与奥运教育物体、奥运教育关系、奥运教育活动、奥运教育结果等之间相互需要与满足的关系，具有主体性特征，表现在复杂性、独特性和可变性三个方面，有个人教育价值和社会教育价值之分。奥林匹克教育价值在宏观上表现为不完全同于西方世界的奥林匹克教育价值；在微观上，表现为作为个体的教育主体在文化上的不同属性而导致的奥林匹克教育价值的差异。

（2）奥林匹克教育价值内容体系是以超越为核心内容，以尊重、卓越和友谊为横向体系，以个人教育价值、团体教育价值、社会教育价值为纵向体系的思想体系。奥林匹克教育价值有推动身心和谐发展、促进世界和平、追求完美、提升道德、推进人类解放五大原则。

（3）实现奥林匹克教育价值，奥林匹克教育价值的本土化是必由之路。通过借鉴蒙特利尔奥林匹克教育的“系统计划”模式 、卡尔加里奥林匹克教育的“知识普及”模式、长野奥林匹克教育的“一校一国”模式、悉尼奥林匹克教育的“主题活动”模式、雅典奥林匹克教育的“人文历史”模式、独具特色的“北京模式”等经验，实现奥林匹克教育价值与中小学体育教育价值的对接，强化体育教育价值的育人功能，走进体育教育的生活化常态，追求体育教育的文化内涵，拓展体育教育的国际化视野。

（4）中小学体育教育中实现奥林匹克教育价值：突出国际主义的教

育价值观，如：民族平等观、诚信意识观、自我完善观、重精神，轻物质、男女平等观；构建普世性的奥林匹克教育价值观：和平正义的理想观、拼搏进取的人生观、动态的健康观、和谐发展的榜样教育观、自我超越的生命极限观、公平竞争的社会伦理观、绿色体育的环境保护观等。

（5）提出中小学实现奥林匹克教育价值的途径：实现奥林匹克教育价值的制度保障，加大政策倾斜；紧紧围绕奥林匹克教育价值，促进奥林匹克教育的校本课程开发；提升体育教师的专业化素养，加强奥林匹克师资培训；建设奥林匹克立体化教材体系，增强体育素材的创新和突破；运用多元化的奥林匹克教育主题活动，吸引广大中小学生的积极参与。

附　录

附录A　中小学奥林匹克教育调查问卷（学生）

亲爱的同学：

您好！非常感谢您对本次调查工作的支持。本次调查是为进行中小学奥林匹克教育价值研究服务，您客观的回答对我们的研究有极大的帮助。本问卷不必填写姓名，答案也没有对错之分，请您根据自己的实际情况在相应的符号内打“√”或用文字说明。衷心感谢您的支持！

一、基本情况调查

1.您的性别：

①男　②女

2.您所在：

①小学　②初中　③高中

二、体育课的调查

3.过去一周，您除体育课以外参加20分钟以上体育活动的次数：

①一次　②二次　③三次或三次以上　④无

4.您喜欢体育课吗？

①非常喜欢　②比较喜欢　③一般　④不太喜欢　⑤很不喜欢

5.您对体育课满意吗？

①非常满意　②比较满意　③一般　④不太满意　⑤很不满意

6.您认为现行的体育授课方式和内容如何？

①喜欢　②不喜欢　③内容不够丰富　④形式过于简单

⑤其他，请注明：____________

7.在体育课上，老师常强调：

①动作技术　②体育技能　③战术　④竞争　⑤团结　⑥拼搏

⑦超越　⑧平等　⑨裁判法　⑩其他（请写明）：____________

8.如果不太满意体育课，你最希望加强哪种教学方式？

①利用多媒体手段　②采用专门教材　③开展校外活动

④举行知识讲座、竞赛　⑤加强奥林匹克知识内容

⑥加强奥林匹克活动内容　⑦其他，请写明：____________

三、学校奥林匹克教育的调查

9. 您所在的学校是否开设了奥林匹克课程？

①是　②否

10. 您对奥林匹克知识的了解：

A.奥林匹克的格言：①友谊第一，比赛第二　②更快、更高、更强

③团结友谊，公平竞争　④和平、友谊、进步

B.奥林匹克的精神：①友谊第一，比赛第二　②更快、更高、更强

③团结友谊，公平竞争　④和平、友谊、进步

C.奥林匹克运动的核心：①运动　②教育　③奥运会　④拿金牌

11.在体育课中，体育老师传授过有关奥林匹克方面的知识吗？

①经常传授　②有时传授　③从未传授

12. 您所在的学校举行过下列哪些与奥林匹克相关的活动？（可多选）

①讲座　②知识竞赛　③演讲　④辩论会　⑤报告

⑥体育竞赛　⑦奥运冠军进校园　⑧以上都没有

⑨其他（请写明）：____________

13. 您主要通过下列哪些途径获得奥林匹克知识的？（可多选）

①电视　②互联网　③报刊　④广播　⑤书籍

⑥奥林匹克课程　⑦体育　⑧同学　⑨家人、朋友　⑩知识竞赛

⑪讲座　⑫墙报、宣传　⑬其他（请写明）：____________

14.奥林匹克教育会带来积极作用吗？如果有，有哪些？（可多选）

①美　②竞争　③自由　④公平竞争　⑤知名度　⑥赚钱

⑦权力　⑧文化理解　⑨职业化　⑩乐观　⑪ 高贵　⑫ 狡猾

⑬ 互相尊重　⑭ 荣耀　⑮ 包容　⑯ 道德观念　⑰ 诚实

⑱ 绅士风度　⑲ 合作

15.对学校是否开设奥林匹克教育课程，您所持的态度：

①应该开，能满足我们对奥运会相关知识的了解

②无所谓，开了课就上，不开课也没事

③没必要开，占用我们学习时间，升学考试要紧

16. 您认为开展奥林匹克教育能给我带来什么收获：（可多选）

①提高自己对奥林匹克知识的了解

②形成乐观积极的生活态度

③增强自信心

④树立不畏困难、不怕挫折的顽强精神

⑤增进同学之间的相互了解

⑥增强团结协作的集体主义精神

⑦加强道德修养

⑧规范了社会行为

⑨扩大视野，丰富人的情感

⑩培养竞争意识

⑪ 其他

17.你在校内还有其他获得奥林匹克教育的途径吗？

①体育理论课　②体育实践课课　③班会　④德育课

⑤板报、宣传册课间　⑥5—10分钟广播　⑦其他

18. 假如学校开设专门的奥林匹克教育课，你最希望在课上获得哪个方面的内容？

①以增加体育活动知识为主　②以提高考试成绩为主

③以启迪人生为主　④以日常体育康复为主

19.阻碍您学习奥林匹克知识的因素是什么？（可多选）

①文化课学习负担重，没精力学习奥林匹克知识

②对奥林匹克知识和运动项目不感兴趣

③对奥林匹克基本知识毫无了解，不知道从何学起

④学校反对体育学习占用过多的时间

⑤家长反对体育学习占用过多的时间

⑥教学趣味性差

⑦其他

附录B 中小学奥林匹克教育调查问卷（老师）

亲爱的老师：

您好！非常感谢您对本次调查工作的支持。本次调查是为进行中小学奥林匹克教育价值研究服务，您客观的回答对我们的研究有极大的帮助。本问卷不必填写姓名，答案也没有对错之分。请您根据自己的实际情况在标号内打“√”或用文字说明。衷心感谢您的支持！

1. 您的性别：

①男 ②女

2. 您的职称：____________

3. 您的学历：

①博士 ②硕士 ③本科 ④本科以下

4. 您的年龄：

①20—30岁 ②30—40岁 ③40—50岁 ④50岁以上

5. 您对奥林匹克教育的了解程度：

①非常了解 ②较了解 ③一般 ④不太了解

6. 您所在的学校是否开设了奥林匹克课程？

①是 ②否

7. 奥林匹克运动的核心是：

①运动 ②教育 ③奥运会 ④拿金牌

8.您认为学校体育教师有必要掌握一定的奥林匹克知识吗？

①有必要　②无所谓　③没有必要

9.您认为有必要在平常的体育教学中向学生传播有关奥林匹克方面的知识吗？

①有必要　②无所谓　③没有必要

10.您在平常的体育教学中会向学生传播有关奥林匹克方面的知识吗？

①经常会　②有时会　③不会

11.您认为有必要在学校中更广泛地开展传播奥林匹克教育吗？

①有必要　②无所谓　③没有必要

12.您以前参加过奥林匹克知识的培训吗？

①参加过　②没有参加过

13.您认为有必要对学校体育教师进行奥林匹克知识的培训吗？

①有必要　②无所谓　③没有必要

14.您认为学校有必要组织奥林匹克知识的演讲、讲座、辩论、知识竞赛、学术报告、黑板报等活动吗？

①有必要　②无所谓　③没有必要

附录C　中小学体育教学实践考察

一、N市小学体育教学实践

1. 排球比赛

（2010年11月3日，星期五，中午12：30　全校性体育活动课）

L小学共有1800多名学生，9名体育教师，一、二年级每班每周4节体育课，三—五年级每班每周3节体育课，符合教育部关于小学教学课时的规定。由于每周五下午没课，有时一些体育课外活动就安排在这些空余时间段，今天中午12：30是全校排球联赛的第三、四名决赛。

由于历史的原因，这是一所体育运动场地比较小的学校。三面教学楼中间只有一块空地，平均每人只有0.1平方米的运动空间，远远低于国家标准。刚走进学校校门，就看见前方人头攒动，掌声、呼声如雷。我循声找去，就在那片空地上，排球赛已经开始了。体育老师用白色布带做了一个简化了的排球场。这场比赛的双方是五（1）班和五（3）班，每班6人上场（5个学生加上1名任课教师）。每人1次发球，学生可在场地内发球，教师在发球线上发球，共打15球，3局2胜制，左边五（1）班，右边五（3）班。场地边上站满了教师和学生，在为自己喜欢的班级和队员加油鼓劲。此时五（3）班处于劣势，站在我身边的是一名高大的男教师，也是五（3）班的任课教师。五（3）班的几名同学就三三两两地来做说客，请这位高大的男教师帮助他们五（3）班打球。一会儿班主任也来了，还买了饮料。张老师就这样被同学和老师请上了场。两边的班主任带着自己的学生为自己班造势，一边大声说：

“把球垫起来，把球垫过去，大家要互相合作……”比赛就在这样紧张的气氛中进行着。赛场气氛热烈，我抬头一看，每层楼的楼栅栏边都站满了同学往楼下看，看到精彩的部分都会由衷地鼓掌，学校的体育氛围非常好。

比赛中我看到五（3）班正处于劣势。一个小队员边哭边打，班主任老师想把他换下来，他大声说：“我不下。”我一看，孩子的两只手破皮了，在流血。

另外一个小胖子，是这个班的排球队长，非常认真，非常投入。每得一分，班上后面的啦啦队员，包括老师，就像突然被打了一针强心剂，都会激动得与队员拥抱，给小队员们鼓劲。最后，五（3）班反败为胜，先赢一局，大家互相交换场地。五（3）班的啦啦队员很激动地说：“走，打死他们。”此紧张的气氛不弱于2010年亚运会的女排决赛，我为他们的拼搏精神所感动。

最后，五（1）班的队员发挥更好，五（3）班以微弱分值输了。五（3）班的孩子们哭了，哭得非常伤心。教导主任是此次比赛的执行裁判长，走下来拍拍小胖子的肩膀说：“小伙子，打得很好，很不错。”小胖子含着眼泪说：“可我们输了。”教导主任说：“输只是暂时的，明年再来。”小胖子说：“可我明年就要毕业了。”老师没再说什么，只是在一旁安慰，没关系，下次再来……一旁的小女生向裁判申诉说：“我们打赢了的时候，记录台上没给我班翻分，我看到好几次，这不公平，我要申诉。”眼圈也红红的，裁判长说：“完全可以，你写一份申诉书来，我们来处理。”小姑娘咬咬嘴唇，擦擦眼泪说：“我一定要写。”看到这里，我很震撼，也非常感动。

笔者深深感觉到虽然这所学校体育设施非常紧张，有时学校的体育课不得不在学校外面的马路上进行，但不得不说这是一所体育工作做得非常好的学校。注重小学阶段的学生对体育运动兴趣的培养是学校体育工作的重中之重。他们除了体育课，每月都有一次大型体育活动，如：1—2年级亲子运动会，将奥运冠军请进校园进行奥林匹克教育，学生对体育的参与率达70%，教师的参与率也非常高。体育老师说："我们希望孩子们在体育中体会竞争、公平、拼搏、合作、面对成功与失败，对孩子们是一种锻炼，我们也觉得很开心。"

笔者深深感到，体育教学工作质量的好与差与体育教师的教学思想息息相关。即使体育场地不是很好，也可以把体育工作做得非常生动。这虽然是一场小小的排球赛，却体现了这所小学令人敬佩的奥林匹克教育价值思想。因为这样的教学思想，使这一场小小的排球赛充满了体育人文色彩，令我敬佩。

2. 跳绳课

M学校是一所规模不大的小学，全校有450多名学生。有4名体育教师，3名女教师，1名男教师。第4堂课开始，4位体育教师都出来上课，而且教学内容一样。我和以往一样，站在二楼阳台上，居高临下往下看。

教师甲：甲的教学过程从踏步、跑步、徒手操、扔毽拍手练习、跳绳、跳绳接力比赛、跳绳过大河游戏到广播操练习。总的来看，整个教学过程很规范、内容丰富、但教师对整堂课的控制时间较多。相较而言，学生自我的学习建构时间很少。

教师乙：乙的教学过程始终紧扣绳子做各种游戏，有角力型的游戏（比力气大小）、速度型的游戏（互相追赶踩尾巴）、跳绳、花样跳绳等，同学们玩得很开心，满头大汗。

教师丙：乙是唯一的男教师，也是嗓音最大的一个。从徒手操、踢毽子开始。这个班的孩子似乎最调皮，后面的几个孩子老凑在一块儿做别的事，老师就会走过来提醒。老师教完跳绳技巧后，这个班的男女生都生龙活虎地拉开架势练习起来。虽然老师对这个班的组织教学看起来最为自由，但这个班学生对跳绳创造性的自我组织练习却是最成功的。这位老师有力的指挥和话语给了学生无限的想象空间，孩子们有双跳、双人跳、多人跳、绳子接起来跳、交叉起来跳，每组都不同。大家互相表演参观，学生们非常开心。学生不仅学会了锻炼自己的身体，也真正锻炼了他们的心理，还体验了运动所带来开心、自由、自我满足感，符合小学阶段体育课的特点，很好地促进了学生的发展。

教师丁：丁老师的教学总的来说比较松散，由于技能和教学组织能力稍欠缺，只完成了一部分学习内容，教学效果一般。

看完这一堂课后，笔者的感受是小学体育课应以提高小学生对体育的兴趣为主。游戏是体育课必不可少的形式，游戏使体育课堂充满了生命色彩。教师的教学风格各不相同，教学水平差异较大是客观事实。普通小学课堂教学中对奥林匹克教育价值的教育形式有所涉及，但还是较少，由体育老师向学生口头表达奥林匹克教育价值或精神的还是很少。

二、L市D初中体育教学实践考察

1. 农村毕业班（初三）体育课

为了调研资料的客观性和真实性，我去了农村的一所中学进行实地调查。上午大课间活动后是初二、初三的体育课时间。正值深秋，外面很凉，上课的时间快到了。学生们陆陆续续地出来了，身上穿的都是运动服、运动鞋。老师在简单的体育课堂教学常规后，学生们先是围绕体育场跑了两圈，然后开始立定跳远练习，然后是100米2组，最后有少部分男生留下踢足球，其他的人都不见了人影。

笔者看完这节课后，最大的感想就是对于农村的初三学生来说，体育课只是身体练习课、考试练习课，似乎别无其他，强调的只是中考的体育分数，将体育课的功利性、工具性价值发挥得淋漓尽致。

2. 农村中学初二体育课

初二体育课是按自然班教学，男女生合班上课。今天在操场上上课的教师有三位，有两位教师上课的教学内容相同，都是篮球课（一位老教师和一位年轻教师），而且两位老师上课地点比较集中，便于观察。笔者有心将两者的课堂教学做一些比较。老教师上篮球课时和大家一起跑步，做准备活动，然后做关于篮球课的各种类型的徒手动作。随着他有力的哨声，男女生们都玩得特别起劲。老师在学生间走动，不断提醒和纠正他们的错误，学生中不时地爆发出开心的笑声，然后是跑动运球、运球上篮等。体育课堂内容的设计和衔接比较流畅，学生们非常开心，运动得满头大汗，不知不觉就下课了。年轻教师的课跟老教师的课不同，先是两圈跑步，大概这个班的学生太活跃了，笑声太大了，队伍也不整齐，有几个学生边跑边说话。跑完后，年轻老师花了12分钟整顿课堂纪律，感觉很生气，不时地用手指着某个同学，紧接着被指同学的头就耷拉了下来。然后上运球技术。7分钟后，学生们自己组织打篮球赛了，老师在旁边看了看，回办公室了。

看完这堂课后，我深感体育教育者素养、教学水平的巨大差异，城乡体育教师水平的差异，体育教育者教育责任感的巨大差异。老教师的体育课堂教学以学生为主体，注重学生的发展；而年轻老师的课却是严实的纪律控制教育课，压抑学生的个性，反映出军事教育价值观在一定地区还确确实实地存在着。只是，作为年轻老师，刚从体育院校毕业的年轻老师，应该接受的是最新的体育教育理念，为什么实施起来却是另外一番景象？这个问题值得思考。

三、N市高中体育教学实践考察

前面我们看了小学、初中体育课堂教学以及体育活动开展状况，那么高中体育课堂是什么样呢？带着这样的疑问，我考察了N市某学校的高中部。为了能看到体育课堂教学的真实状况，我站在体育场旁边的教学楼2楼窗口，尽量不打扰正常教学。

场景一：接力跑教学记录

水平五（高一年级），执教者：N市S中学崔老师（女生课）

教学过程：

①整队、报数、检查人数、8人见习；

②准备活动：关节活动；

③操化动作练习（上肢、下肢、腰部、跳跃练习）；

④讲解接力跑的动作要领；

⑤纠正错误的接棒姿势；

⑥分成四组接棒练习和比赛，教师在旁辅导；

⑦接力棒比赛；

⑧放松练习。

相较于小学体育教学而言，高中的女生体育课（男、女分班教学）比较沉闷。虽然大家都穿着运动衣，运动鞋，除了跳一些健美操动作，比较投入一些，似乎没有运动的热情。尽管崔老师从头到尾都很认真，运用竞赛的手段，但女生们边做动作边笑。显然没有接力比赛那种紧张、竞争的气氛，更像一堂聊天放松课。高一年级按照规定，可以选项教学。但S中学由于师资和体育场地有限，只在一小部分年级开设选项课（羽毛球和乒乓球），其他的上各种田径项目的教学。对于女生比较喜欢的健美操项目，因为学校一直没有体操房，一直没有开展此类教学。

场景二：足球课

水平六（高二年级），执教者：N市M中学陈老师（男生课）

教学过程：

①整队、报数、检查人数；

②准备活动：徒手操练习；

③老师讲解足球动作要点；

④学生自行组织，用衣服做足球门；

⑤足球比赛；

⑥下课。

高二年级的体育课程教学组织比较松散，体育教师作为教育者在体育教学中的引领作用并不突出。高中学生在校期间要学习1—2项体育项目，如果没有体育老师的细心、耐心的教诲，将很难成为终身体育的运动项目。笔者看到除了一些男生在踢足球，一小部分去打篮球，还有几个学生往教室方向走去，体育课似乎没有引起他们的兴趣。

附录D　个人学术成果（博士期间）

一、发表的论文

1. 城乡体育统筹视域中的农村学校体育，南京体育学院学报，2009年第4期

2. 体育强国视域下我国群众体育发展对策探索，武汉体育学院学报，2009年第7期

3. 体育教学美理论探析，体育文化导刊，2010年第12期

4. “体育大国”与“体育强国”研究探析，北京体育大学学报，2010年第1期

5. 新中国奥林匹克价值观的嬗变与构建，南京体育学院学报，2010年第4期

二、主持、参与的课题

1. 主持江苏省体育局重点课题：2014南京青奥会教育价值研究。2010年7月

2. 主要参与国家体育总局软科学课题：和谐社会构建中城乡居民健身体育协调发展研究（2007GXQ4B129），2009年12月

3. 主要参与江苏省体育局课题：普通高校体育馆承办大型赛事的绩效及其运营管理机制的研究（TY8304），2010年12月

三、学术交流活动

1. 新中国奥林匹克教育价值观的嬗变与构建（大会发言），东北亚体育史国际学术大会，2009年8月

2. 结构功能主义视域下的阳光体育运动（二等奖），江苏省高等教育学会高校体育研究会，2009年6月

参考文献

一、中文专著

[1] 国际奥委会. 奥林匹克宪章[M]. 詹雷, 译. 北京:奥林匹克出版社, 1993:13.

[2] 文德尔班. 哲学概论[M]//刘放桐. 现代西方哲学. 北京:人民出版社, 1914:123-124.

[3] 王玉樑. 价值与发展[M]. 西安:陕西人民教育出版社, 1999.

[4] 孔繁敏. 奥林匹克文化研究[M]. 北京:人民体育出版社, 2005.

[5] 叶澜, 等.教师角色与教师发展探索[M]. 北京: 教育科学出版社, 2001:3.

[6] 江泽民. 高举邓小平理论伟大旗帜、把建设有中国特色社会主义事业全面推向21世纪[M]. 北京:人民出版社, 1997.

[7] 王坤庆. 教育哲学——一种哲学价值论视角的研究[M]. 武汉:华中师范大学出版社, 2006:220-226.

[8] 毛振明. 体育教学论[M]. 北京:高等教育出版社, 2005:38.

[9] 顾渊彦. 体育社会学[M]. 南京:南京师范大学出版社, 1999:118.

[10] 谭华. 体育史[M]. 北京:高等教育出版社, 2009:99, 102, 283.

[11] 萨马兰奇. 奥林匹克回忆[M]. 北京:世界知识出版社, 2003.

[12] 奥林匹克运动[M]. 北京:人民体育出版社, 2005.

[13] 顾拜旦. 奥林匹克理想——顾拜旦文选[M]. 北京:奥林匹克出版社, 1993:151.

[14] 张世英. 哲学导论[M]. 北京:北京大学出版社, 2003.

[15] 陈会昌. 竞争社会—文化—心理透视[M]. 北京:北京师范大学出版社, 2002.

[16] 顾拜旦. 奥林匹克理想——顾拜旦文选[M]. 北京:奥林匹克出版社, 1993.

[17] 托克维尔. 美国的公共精神[M]. 北京:商务印书馆, 2002.

[18] 吴灿新. 当代中国伦理精神——市场经济与伦理精神[M]. 广州:广东人民出版社, 2001.

[19] 朱永涛. 美国价值观——一个中国学者的探讨[M]. 北京:外语教学与研究出版社,

2002.

[20] 田麦久. 运动训练学[M]. 北京:高等教育出版社, 2006:2-8.

[21] 龚正伟. 体育教学论[M]. 北京:北京体育大学出版社, 2004:20.

[22] 色诺芬. 回忆苏格拉底[M]. 北京:商务印书馆, 1985.

[23] 柏拉图. 理想国[M]. 北京:外语教学与研究出版社, 1998.

[24] 罗素. 西方哲学史（上）[M]. 北京:商务印书馆, 1963:151.

[25] 亚里士多德. 政治学[M]. 北京:人民大学出版社, 1994:263-264.

[26] 新中国与奥林匹克运动双向驱动发展研究[M]. 北京:人民体育出版社, 2006:14-18.

[27] 曲宗湖, 杨文轩. 域外学校体育传真[M]. 北京:人民体育出版社, 1999:395.

[28] 罗时铭, 谭华. 奥林匹克学[M]. 北京:高等教育出版社, 2007:16.

[29] 中华人民共和国教育部. 体育与健康课程标准[M]. 北京:北京师范大学出版社, 2003:3-6.

[30] 马卫平. 体育与人[M]. 长沙:湖南师范大学出版社, 2010:15-16, 73-79, 88-89.

[31] 刘冬岩. 实践智慧——一种可能的教学价值[M]. 南京:南京师范大学出版社, 2009:10-12.

[32] 中村敏雄, 高桥健夫. 体育原理讲义[M]. 东京:日本大修馆书店, 1987.

[33] 全国体育学院教材委员会. 体育概论[M]. 北京:人民体育出版社, 1989:18.

[34] 陈安槐, 陈荫生. 体育大辞典[M]. 上海:上海辞书出版社, 2000:3.

[35] 杨文轩, 陈琦. 体育原理[M]. 北京:高等教育出版社, 2004:15.

[36] 卢元镇. 体育人文社会科学概论高级教程[M]. 北京:高等教育出版社, 2003:386.

[37] 丁晓昌. 学校体育现代化理论构建与实践探索[M]. 南京:南京师范大学出版社, 2008:76-80.

[38] 卢元镇. 体育人文社会科学概论高级教程[M]. 北京:高等教育出版社, 2003:386.

[39] 董传升. 科技奥运的困境与消解[M]. 沈阳:东北大学出版社, 2004:212.

[40] 耿申. 国际奥林匹克教育中的“北京模式”研究[M]. 北京:北京体育大学出版社, 2009:50-83, 212.

[41] 刘清黎. 体育五千年[M]. 长春:吉林人民出版社, 2000:691.

二、中文论文

[1] 孙葆丽. 教育, 奥林匹克运动的生命线[J]. 体育文化导刊, 2002, 6:48-50.

[2] 田雨普. 努力实现由体育大国向体育强国的迈进[J]. 体育科学, 2009, 3:5–8.
[3] 王文成. 学校体育中的奥林匹克文化教育[J]. 体育文化导刊, 2007, 12:72.
[4] 陈峰, 陈尚忍, 等. 中西方体育思想的震荡与中国学校体育发展的走向[J]. 南平师专学报, 2001(2).
[5] 胡勇刚. 中西体育文化的差异及深层意蕴下的竞技观[J]. 武汉体育学院学报, 2009(7).
[6] 张文静. 体育教学价值论[D]. 南京:南京师范大学, 2007:13, 18, 29.
[7] 孙葆丽. 奥林匹克教育的多元化趋势——记国际奥委会"寓教于体"世界论坛[J]. 中国学校体育, 2003, 1:77.
[8] 董立平. 高等教育管理的价值问题研究[D]. 厦门:厦门大学, 2009:13.
[9] 熊斗寅. 论奥林匹克教育[J]. 吉林体育学院学报. 2005, 1:1–4.
[10] 李秀丽. 奥林匹克教育论[J]. 安徽体育科技. 2004, l:12–14.
[11] 任海. 顾拜旦与奥林匹克仪式[R]. 北京:纪念顾拜旦论文报告会, 2000.
[12] 许晓容. 奥林匹克文化与高校体育教育人文目标的实现[J]. 体育与科学, 2006, 1:92.
[13] 李长吉. 教育价值研究二十年[J]. 高等师范教育研究, 2001, 7:56.
[14] 王全宾. 教育功能、教育价值、教育目的论[J]. 山东师大学报, 2001, 5:39–41.
[15] 张建华, 等. 北京奥林匹克教育的可能遗产[J]. 教育科学研究, 2007, 12:13–17.
[16] 任海. 奥林匹克教育与跨文化传播[J]. 教育科学研究, 2007, 12:5.
[17] 裴东光, 黄文卉, 刘永汐. 开展奥林匹克教育——奥运主办城市的责任与义务[J]. 首都体育学院学报, 2005, 7:16.
[18] 冯青来. 文化与教育[D]. 武汉:华中师范大学, 2007:110–112.
[19] 郝勤. 奥林匹克运动与中国传统文化思想的一致性——兼论顾拜旦复兴奥林匹克运动的思想基础[R]. 南京:纪念顾拜旦论文报告会, 2001.
[20] 孙葆丽. 奥林匹克运动人文价值的历史流变[J]. 北京:北京体育大学, 2005, 4:28–29.
[21] 于晓东, 谢争, 顾渊彦. 从分裂到整合——谈学校体育的手段目的论价值观[J]. 中国学校体育, 2004, 5.
[22] 于晓东. 整体性体育课程研究[D]. 南京:南京师范大学, 2008:91–92.
[23] 王智. 价值与价值实现[J]. 西南民族大学学报, 2005, 12:314.
[24] 张听. 关于价值实现机制的理论问题[J]. 云南社会科学, 1999, 12:40–42.

[25] 季传武. 顾拜旦奥林匹克思想研究[D]. 北京:北京体育大学, 2006, 5:32.
[26] 陈中林, 姚蕾, 黄晓明. 高校开展奥林匹克教育的价值归属[J]. 体育文化导刊, 2003, 2:43-44.
[27] 何振梁. 奥林匹克运动中的文化与教育[J]. 体育文化导刊, 2004, 11:4-5.
[28] 黄文卉. 国外奥林匹克教育研究[J]. 北京体育学院学报, 2003, 6:24-25.
[29] 裴东光. 奥林匹克教育本土化价值研究[J]. 体育文化导刊, 2009, 8:129.
[30] 何振梁. 奥林匹克运动与人类文明交融[J]. 体育文化导刊, 2007, 1:3-4.
[31] 王军, 王猛. 奥林匹克运动与人的社会化[J]. 体育与科学, 2002, 11:20-24.
[32] 易剑东. 浪漫的理想与严峻的现实[J]. 体育文化导刊, 2001, 4:53-54.
[33] 张兮. 奥林匹克教育与人文精神培养探析[J]. 体育文化导刊, 2004, 10:30.
[34] 雅克・罗格. 国际奥委会新主席的就任宣言[J]. 体育文化导刊, 2002 (9)：10.
[35] 任海. 奥林匹克教育的价值[J]. 教育科学研究, 2006, 12:16.
[36] 闫华, 李强, 戴永恺. 对全国高校大学生进行奥林匹克教育的研究[J]. 辽宁体育科技, 2006, 1:82-93.
[37] 黄莉. 中华体育精神研究[D]. 北京:北京体育大学,2006:67.
[38] 黄莉. 中华体育精神的文化内涵与思想来源[J]. 中国体育科技, 2007, 5:9-15.
[39] 石硕. 从"友谊之旅"的历史意义看中美体育民间交流在文化交流中的活动[D]. 长春:吉林体育学院, 2007:4-17.
[40] 黄莉. 体育精神的文化内涵与价值建构[J]. 体育科学, 2007, 6:89.
[41] 裴东光. 奥林匹克教育本土化价值研究[J]. 体育文化导刊, 2009, 8:129.
[42] 杨志成. 奥林匹克的教育价值与学校奥林匹克教育[J]. 教育科学研究, 2006, 12:23.
[43] 王健. 运动技能与体育教学[D]. 福州:福建师范大学, 2004:20-25.
[44] 克斯塔斯・吉奥吉阿迪斯. 奥林匹克教育的理论框架研究[J]. 体育文化导刊, 2007, 2:69.
[45] 吴莎. 后奥运我国体育传媒的现状与趋势研究[D]. 武汉:武汉体育学院, 2009:1-3.
[46] 种莉莉. 奥运会与电视媒体的互动发展研究[J]. 广州体育学院学报 2007, 2:20-23.
[47] 颜天民. 论运动竞赛的功能与特点[J]. 体育文化导刊, 2004, 7:27.
[48] 颜天民, 何荣. 论运动竞赛的奥林匹克教育价值[J]. 北京体育大学学报, 2004, 9:123.

[49] 姜志明. 中国体育教学的文化反思[D]. 北京:北京体育大学, 2009:20.
[50] 夏菊锋. 上海中小学学校体育课余训练的发展回顾与展望[J]. 体育科研, 2009, 5: 96.
[51] 孙褒丽. 奥林匹克运动人文价值的历史流变[D]. 北京:北京体育大学, 2005:10.
[52] 任海. 奥林匹克运动的全球化与文化的多样性[J]. 体育文化导刊, 2005, 5:81-82.
[53] 司马云杰. 文化价值论—关于文化建构价值意识的学说[M]. 济南:山东人民出版社, 1990:88.
[54] 宋小荣. 论全球化时代中西体育文化价值冲突的形式及意蕴[J]. 体育与科学, 2005, 26(2):26-32.
[55] 李泠君.中国当代体育观念形成的初步探究[J].科技信息，2009(28).
[56] 刘莉. 奥林匹克运动精神内涵的人文思考[J]. 曲靖师范学院学报. 2003, 11:90.
[57] 谭华. 现代体育形成的前提条件[J]. 成都体育学院学报, 1995, 1:1-8.
[58] 冯霞, 尹博. 中国学校体育与现代奥林匹克运动的文化对接[J]. 体育学刊, 2004, 4: 5.
[59] 何艳君. 论社区体育与学校体育的协调发展[D]. 桂林:广西师范大学, 2005:19.
[60] 王芳, 等. 奥林匹克文化及北京奥运会对学校体育的影响[J]. 职业时空, 2007, 20: 35.
[61] 陈娇霞. 奥林匹克思想与学校体育思想关系的研究[J]. 中国成人教育, 2009, 7: 119.
[62] 钟全宏, 王辉. 奥林匹克文化与学校体育教育[J]. 当代教育与文化, 2009, 7:28-30.
[63] 王羽. 体育教学世界的生命回归探索[D]. 长春:东北师范大学, 2007:44-57.
[64] 杨小明. 体育教学中的道德教育研究[D]. 南京:南京师范大学, 2008:89-113.
[65] 王晓红. 李金龙. 孟云萍. 全球化视野下中国体育的发展[J]. 体育文化导刊, 2007, 11:37.
[66] 温一帆. 体育全球化视野下我国大学体育改革适应性对策[J]. 体育与科学, 2009, 6:88.
[67] 张洪潭. 体育的概念、术语、定义之解说立论[J]. 西安:西安体育学院学报, 2006, 3:1-6.
[68] 夏成前. 追求自然的体育教学[D]. 南京:南京师范大学, 2009:93.
[69] 刘梅英, 田雨普, 周丽萍. 体育强国视域下我国群众体育发展对策探索[J]. 武汉体育学院学报, 2009, 7:9.

[70] 骆海燕. 奥林匹克文化在湖北省高校中传播的现状分析及对策研究[D]. 武汉:武汉体育学院, 2006:25.
[71] 郭瑞华. 北京高校奥林匹克教育现状研究[D]. 北京:北京体育大学, 2006:22–35.
[72] 王卓. 北京市中学开展奥林匹克教育的调查[D]. 北京:北京体育大学, 2007:27.
[73] 顾民. 学校体育在教育中的地位与作用[J]. 体育文化导刊, 2008, 7:88–89.
[74] 王羽. 生命中不能承受之轻——生命教育视阈下我国学校体育地位的反思[J]. 武汉体育学院学报, 2008, 2:94.
[75] 体育课怎么让人喜欢不起来？[M]. 中国体育报, 2000–11–11(6).
[76] 马宁. 重新审视课外体育锻炼在学校体育中的地位[J]. 体育学刊, 2006, 1:138.
[77] 宋翔. 北京市特殊教育学校（聋校）奥林匹克教育的现状调查及对策研究[D]. 北京:北京体育大学, 2008:36.
[78] 韩桂凤, 杨铁黎. 我国奥林匹克立体化教材体系建设的理论基础[J]. 首都体育学院学报, 2008, 4:30–31.
[79] 王润斌. 民族主义演进与奥林匹克发展[D]. 北京:北京体育大学, 2008:125.
[80] 何振梁. 奥林匹克的普遍价值和多文化世界[J]. 体育文化导刊, 2002, 2:4.
[81] 田珊. 体育运动与人的健康素质初探[J]. 体育与科学, 2003, 3:24.
[82] 魏云贵, 谭明义. 学校体育的育人功能与优势[J]. 上海体育学院学报, 2001, 11:198.
[83] 王广虎. "生活世界" 与社会体育的生活化[J]. 成都体育学院学报. 2000, 4:1–3.
[84] http：//www. moh. gov. cn/newshtml/18903. htm.
[85] 王洁. 奥林匹克教育与生活方式的改善[J]. 体育文化导刊, 2007, 8:44.
[86] 张婷. 奥林匹克与现代生活教育关系探讨[J]. 体育与科学, 2000, 9:9.
[87] 李恺宪. 不同体育生活方式大学生体质状况的探讨与分析[J]. 首都体育学院学报, 2009, 11:739.
[88] 吕树庭. 21 世纪：中国社会生活方式与体育的社会学透视[J]. 天津体育学院学报, 2001, 3:2.
[89] 刘忠德. 现代奥林匹克文化与高校体育的关系研究[J]. 教育与职业, 2006, 9:177.
[90] 任海. 奥林匹克运动的全球化与文化的多样性[J]. 体育文化导刊, 2002(1):81–83.
[91] 罗少功. 我国普通高校学生体育文化素养的理论研究[D]. 开封:河南大学,2001:4–24.
[92] 康昌发, 欧阳柳青, 杨梅. 试论中国体育的国际化[J]. 西安体育学院学报, 2002, 7:

11.
[93] 丁兆熊. 南京青奥会与江苏学校体育的互动研究[J]. 南京体育学院学报:社会科学版, 2010, 12(1):27 – 32.
[94] 程卫波. 张志勇. 象征主义健康观[J]. 体育文化导刊, 2005, 5:27.
[95] 胡军. 梁漱溟的生命观[J]. 大连大学学报, 2008, 8:10.
[96] 田雨普. 从竞技体育的特点看运动员的荣辱观教育[J]. 体育文化导刊, 2006, 6:25.
[97] 董翠香. 我国中小学体育校本课程开发理论与实践研究[D]. 北京:北京体育大学, 2004:6–8.
[98] 杨志成. 为国际奥林匹克运动留下具有中国特色的奥林匹克教育遗产[J]. 奥林匹克教育研究, 2007, 12:52–55.
[99] 王桂忠. 普通高校开展奥林匹克思想体系教育的思考[J]. 体育学刊, 2001, 3:77.
[100] 杨西勇, 邵晓军. 奥林匹克教育与中国学校体育略论[J]. 教育与职业, 2006, 4:85.
[101] 郭怡, 于浩飞. 论奥林匹克精神与青少年心理健康教育[J]. 北京体育大学学报, 2005, 3:343–344.
[102] 孙庆祝, 陈家起, 陈培友. 学校体育现代化评价指标体系的研究[J]. 南京体育学院学报, 2009, 2:19.
[103] 周丽萍, 田雨普. 新中国奥林匹克价值观的嬗变与构建[J]. 南京体育学院学报, 2008, 8:10.
[104] 方克立. 关于和谐文化研究的几点看法[J]. 高校理论战线, 2007, 5:7.
[105] 龙大轩. 和谐思想与中国传统法律的价值选择[J]. 现代法学, 2005, 11:46.
[106] 王成. 追寻体育的真义:2014年南京青奥会的探索与期待——张之沧、王守仁教授访谈录[J]. 体育与科学, 2010(2):16 – 19.
[107] 方千华, 翁兴和, 汪焱. 现代奥林匹克与高等教育互动发展的实证研究——基于北京高校参与奥运的调查与启示[J]. 体育科学, 2010(2):55 – 63.
[108] 冯霞, 尹博. 中国学校体育与现代奥林匹克运动的文化对接[J]. 体育学刊, 2004(11):4 – 6.
[109] 史立峰, 樊东声, 赵凡. 2014 青奥会对南京城市体育发展重大影响的研究[J]. 南京体育学院学报:自然科学版, 2011, 12:143.
[110] 丁兆熊,等. 南京青奥会与江苏学校体育的互动研究 [J]. 南京体育学院学报:社会科学版, 2010, 12:29.
[111] 王成. 追寻体育的真义: 2014 年南京青奥会的探索与期待——张之沧、王守仁

教授访谈录[J]. 体育与科学, 2010 (2):16 – 19.

[112] 方千华, 翁兴和, 汪焱. 现代奥林匹克与高等教育互动发展的实证研究——基于北京高校参与奥运的调查与启示[J]. 体育科学, 2010(2):55 – 63.

[113] 史立峰, 樊东声, 赵 凡. 2014 青奥会对南京城市体育发展重大影响的研究[J]. 南京体育学院学报:自然科学版, 2011, 12:144.

[114] 朱宏. 2014 年南京青奥会 SWOT 分析及应对策略研究[J]. 南京体育学院学报:自然科学版, 2010, 24(2):151 – 153.

[115] 蒋荣, 颜月乔. 青奥会目标对青少年体育人文教育的导向[J]. 南京体育学院学报:社会科学版, 2010, 24(1):18 – 21.

[116] 王凯. 耦合性:探究南京承办 2014年"青奥会"的成功之道[J]. 南京体育学院学报:社会科学版, 2010, 24(1):29–33.

[117] 顾韶勇. 南京承办2014年青奥会的优势与青奥理念的融合[J]. 南京体育学院学报:社会科学版, 2011, 10(1):15–16.

[118] 郭晴, 王宏江, 余婷婷, 等. 北京奥运背景下的中国国家形象研究[J]. 体育科学, 2009(8):3–11.

[119] 左欣. 青奥会人文教育价值对于校园文化影响研究[J]. 南京体育学院学报:自然科学版, 2010, 3:140.

[120] 程杰. 论体育与人的全面发展和人文精神塑造[J]. 南京体育学院学报:社会科学版, 2009, 23(3): 69–71.

[121] 曾怀光. 中、美、日学校体育教育的比较分析[J]. 广东教育学院学报, 2006, 8:96.

[122] 李笋南, 等. 对体育教学手段的本质、内涵及特征的再认识[J]. 南京师范大学博士论文, 2010:79.

[123] 邹师. 体育教学模式分类及其应用研究[J]. 成都体育学院学报, 2001, 3:31–32.

三、外文文献

[1] PIERRE DE COUBERTIN. The Olympic Idea[M].[S.l.]:Carl–diem–Institut, 1967: 99.

[2] COUBERTIN. Address delivered at Antwerp City Hall in August 1920[R]//MÜLLER N. Olympism. Lausanne: IOC, 2000: 223.

[3] JOSEPH S R, SALLY M R.The school wide enrichment[J]. Education of Excellence, 2001(1):29–59.

[4] FITTS P M, POSNER M I.Human performance[M].Monterey, Calif: Brooks, 1967: 82.

[5] GAGNE R M, BRIGGS L J. Principles of instructions design[M]. NewYork: Holt, and Winston, 1979:67–72.

[6] COUBERTIN. Olympic Letter IV.Olympism as a state of mind[R]//MÜLLER N. Olympism. Lausanne: IOC, 2000: 548.

后 记

奥林匹克运动具有教育的价值。奥林匹克运动的教育价值和学校体育教育价值有相同的契合点——人的全面和谐发展。对奥林匹克教育价值的梳理，分析它对中小学体育教育的启示，探索奥林匹克教育价值对当代中小学体育教育的补充和促进作用，具有一定的现实意义。然而在研究的过程中，常常遇到实际困难。如何将理论性成果转化为教学实践，这是教育学永恒不变的话题。尽管读了一些书，进行了一些调研和思考，但是我对此领域的研究还只是皮毛。所以本研究只是对中小学追求奥林匹克教育价值的初步探索和尝试。

我由衷感谢我的导师田雨普教授。在南京师范大学读书的六年时间里，我追随先生学术的脚步。先生令人敬佩的人品，渊博的知识，严谨的学术精神，不屈不挠、不畏艰难的精神力量深深感染了我、鼓励我、激励我一直走到现在。从论文方向的选择、资料的选择到开题报告；从问卷调查到数据统计；从论文的动笔撰写、修改到最后定稿，时时牵挂在老师的心间，凝聚着老师的心血。

感谢杨启亮教授！能在杨先生门下读书，实在是人生一大幸事。先生敏锐的思维、独到的视角、深厚的理论功底、幽默的言辞不断地拓宽着我的理论世界，让我有幸能在教育学的世界中畅游。先生娓娓道来，胜似闲庭信步，而我只能在后一路狂奔追随。先生的教诲在我的人生中留下了不可磨灭的印记。

感谢孙庆祝教授、邹玉玲教授、顾渊彦教授、周学荣教授、程传银教授、张乐天教授、张之沧教授，他们正直、谦逊、宽厚。从他们身上我学会了独立思考、求真务实、批判质疑的求学态度。他们的细心教导和无私帮助使我铭记于心，永生难忘。

感谢教育科学学院和体育科学学院的领导和老师们，为我创造了良好的学习环境和科研氛围。

感谢北京体育大学任海教授、华南师大谭华教授。两位先生德高望重，虽公务繁忙，但对于我这个远道而来从未谋面的学生，还是抽出时间给予我无私的帮助，提出了许多宝贵的建议，我内心深怀敬意。

感谢我的同学刘梅英博士、沈克印博士、刘旭东博士、宋昱博士、王成博士、赵莉博士、卢兆振博士、吴振华博士、孙玲博士、张晓辉博士、吴亮奎博士、王久红博士、孟献华博士等，以及诸多师弟、师妹们。在与他们的学术思想碰撞中，我的研究、思考日臻成熟。多少次的长谈与真挚交流，将成为我三年博士生涯中最美好的记忆。

感谢我人生中的挚友，每一次人生与写作的惊喜与困境，都与我一同分享与应对，共同勉励向前。

感谢我的家人，这么多年来默默无闻的支持是我前进的最大动力。感谢李成林先生的大力支持，才使我脚下的路走得这么顺利。感谢李家熙小朋友，是他的陪伴让我走过了这段美好而又艰辛的时光。

感谢本文写作中引用的文献的作者们，他们的思想观点是本文研究的基础。

我怀着一颗感恩的心感谢一切关心我的人。

周丽萍

2011年5月10日晚于随园